U0919455
在变化中不变
在不变中变化

管理者的新商业思维

邢国英 著

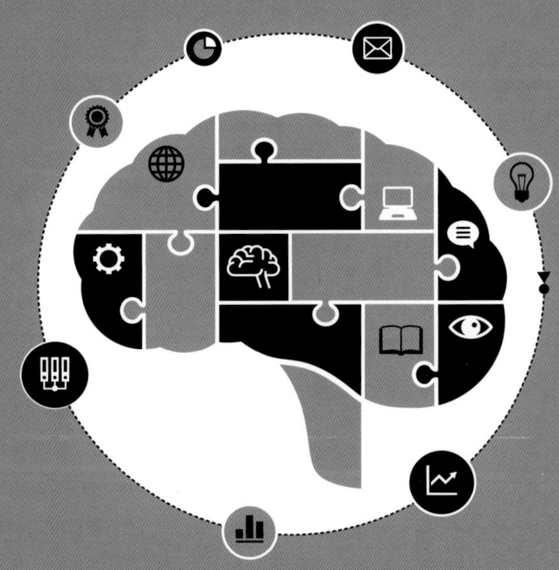

中国财富出版社

图书在版编目（CIP）数据

管理者的新商业思维／邢国英著．—北京：中国财富出版社，2015.4
ISBN 978-7-5047-5616-9

Ⅰ.①管…　Ⅱ.①邢…　Ⅲ.①企业领导—思维方法　Ⅳ.①F272.91

中国版本图书馆CIP数据核字（2015）第060311号

策划编辑	单元花	**责任印制**	方朋远
责任编辑	邢有涛　单元花	**责任校对**	梁　凡

出版发行	中国财富出版社		
社　　址	北京市丰台区南四环西路188号5区20楼	**邮政编码**	100070
电　　话	010-52227568（发行部）		010-52227588转307（总编室）
	010-68589540（读者服务部）		010-52227588转305（质检部）
网　　址	http://www.cfpress.com.cn		
经　　销	新华书店		
印　　刷	北京京都六环印刷厂		
书　　号	ISBN 978-7-5047-5616-9/F·2334		
开　　本	710mm×1000mm　1/16	**版　　次**	2015年4月第1版
印　　张	13.25	**印　　次**	2015年4月第1次印刷
字　　数	224千字	**定　　价**	35.00元

前　言

身为企业管理者，让自己的思维方式保持与时俱进，是最紧迫而必要的事情。人类社会的发展越来越迅猛，商业市场的变化日新月异，如果不能在这样的环境中跟上新的商业思维，企业就有可能面临危险。

为什么在短短的时间内，诺基亚就彻底垮掉？

为什么在短短的时间内，小米手机很快崛起，成为市场新秀？

为什么传统银行出现了存款危机？

为什么支付宝、互联网网贷一夜之间兴起？

……

在互联网时代，一切的变化都是未知的，却又是迅猛的。你的企业可能昨天生存得挺好，但是一夜之间你的市场就被别人夺去了；你的企业可能今天是市场新秀，明天却无人问津。这就是这个时代的商业市场，没有人可以预测，也没有人能够预测。企业的管理者能够做的，就是让自己保持最新的商业思维，提前嗅到市场变化的味道，让自己的企业提前适应市场的变化。

有的企业刚刚适应了从硬广（硬性广告）到PC（个人电脑）端的营销转型，却突然发现手机客户端的营销已经占据了市场很大的份额；有的企业刚刚适应了制造个性化的产品，却突然发现被赋予文化内涵的产品已经抢夺了它的市场。

市场是充满变数的，也是非常残忍的。管理者稍不留神，就会将企业置于危险的边缘。在今天，每一个企业的管理者都有如履薄冰、战战兢兢的感觉，尤其是那些传统企业的管理者，他们在市场的变化面前感到十分茫然。电商是这个时代的主流，但是传统企业却面临“不做电商必然死，做了电商可能死得更快”的矛盾。

面对这样的市场，管理者该怎么办呢？

其实，答案很简单，那就是与时俱进，拥有顺势而为的商业新思维。

一个企业的管理者，不仅仅是管理者，他更是决策者，是市场的开拓者，所以面对市场、面对产品、面对管理、面对公关、面对营销，他必须拥有全新的思维去调度和整合。市场竞争激烈了，必须要改变竞争的思维、改变产品的思维、改变营销的思维；下属越来越不好管理了，就必须要明白互联网时代的管理新变化，采用新的思维方式去做管理；公关的局面发生变化了，管理者就不能再像过去那样，公关治标不治本了，而是要坦诚地放下身段来，努力将危机化作塑造企业形象的最佳时机。

没有谁能够预测明天要发生什么，但是管理者可以用自己的新商业思维去引导自己企业明天的生存和发展。在未来的市场中，只有那些拥有新商业思维的管理者才能玩转商业，成为市场的宠儿。

作　者

2015 年 1 月

目录

CONTENTS

第一章 “爆款”思维过时，生态圈思维凸显——市场新思维

互联网时代，人们的生活结构发生了巨大变化。这种变化让市场瞬息万变，对企业来说每一天都是巨大的挑战。如果管理者忽视了市场的变化，还停留在过去靠着某款产品就能发展多年的阶段，不带领企业跟上市场的新变化，可能在一夜之间企业就处于危险境地。那么，市场发生了哪些变化，该以什么样的市场新思维跟上这些变化？这是企业管理者亟待解决的问题。

第二章 好模式坐电梯，无模式爬楼梯——模式新思维

商业领域经常会有神话诞生。电子商务在短短的时间内创造出了阿里巴巴、京东等知名上市企业；平台模式让诸多企业华丽转型，并获得新生；而免费模式则成就了像360安全卫士这样的互联网企业。这个时代企业不再需要比拼规模，而是要比拼模式。选择一个好的商业模式，企业就如坐上了电梯，能在短时期内获得飞速发展。

第三章 客户真的当上“老大”了——营销新思维

今天，随着市场的发展不断完善，媒体宣传工具的不断变化，数据技术的大幅度提升，客户和企业在市场中的地位也不断发生变化。物质的极大丰富、信息获取的方便快捷，让客户真正成为市场中的“老大”。客户需求已经成为主导市场发展的主要因素，传统的企业营销已经无以为继。那企业面对这种局面，该以什么样的营销思维来应对，当下流行的营销方式又该怎么操作？

第四章　个性化才是人类的共同需求——产品新思维

随着市场经济不断深化，人们对产品的需求也发生了极大改变。物质需求已经不再是消费者第一位的需求，个性化的心理满足逐渐成为决定企业产品发展方向的重要因素。小众的产品，为发烧而生的产品，高科技智能化的产品等，无一不是企业在新产品思维的影响下创造出来的。企业要牢牢把握人类的个性化需求，让产品不仅满足消费者的物质需求，更要满足心理需求。

第五章　跟上时代步伐，及时“触电”——电商思维

电子商务是我们这个时代最流行的一种商业模式，互联网技术的不断发展，给了企业和消费者更多的选择。对企业来说，产品展示和营销变得更加方便；对消费者来说，足不出户也没有买不到的产品。电子商务不仅改变了企业的商业模式，更改变了消费者的消费方式，改变了消费者的生活方式。企业管理者应当在这些变化中，看到巨大的商业机遇。

第六章 有了粉丝就有了商业——粉丝经济思维

有人的地方就有市场，有粉丝的地方才是企业应该去的地方。互联网让人们的网络社交变得快速、便捷，消费者心中的沟通欲望也更加强烈。这些变化迫使企业不仅要生产好的产品，更要传递好的信息，完成好的沟通。如今，粉丝经济越来越红火，粉丝给企业带来的价值也越来越大。企业应当倾力培养属于自己的粉丝，让粉丝帮助企业塑造品牌、扩大影响力。

第七章 无组织、无中心、无界限——管理新思维

进入互联网时代，很多企业管理者发现，自己突然之间不会做管理了。传统的自上而下的金字塔式结构，在一夜之间就要轰然倒塌。人与人之间的关系因为互联网的影响，变得更加自由和平等。传统企业的管理中心逐渐消失，以项目和用户为主导的中心正在形成；企业员工与领导的对话也更加方便……这些变化，都要求企业管理者要以新的管理思维来应对，否则企业的发展将受到巨大限制。

第八章　要运动员，不要裁判员——用人新思维

在传统金字塔式管理结构中，企业往往会有很多的中层管理者。并且每个员工要做什么样的工作，必须接受企业领导的安排，人本身的价值得不到充分发挥。如今，企业的组织结构发生了巨大改变，企业的管理模式发生了巨大改变，企业的用人思维也要相应变化。用什么样的人，如何用人，如何建立适合人才发展的用人模式等，都需要企业管理者不断探索。

第九章　坦诚远比掩盖威力大——公关新思维

我们生活的时代，媒体技术发生了革命性变化，企业在公关方面的思维自然要随之改变。有人说，每一个优秀的企业，未来首先是一个优秀的媒体。优秀的企业管理者，要懂得将公关作为企业品牌塑造、形象提升的常态化工具，要坦诚面对公众，敢于承担社会责任。

第十章　当柳传志开始卖猕猴桃——创新思维

创新思维是每个时代领导们常说常新的思维方式。任何时候企业要是失去了创新，它就可能倒在明天。阿里巴巴、腾讯、万达地产等，无一不在创新中生存和发展。管理者要培养自己的创新思维，就要懂得多方位、多角度地寻求突破，懂得在学习借鉴中走向未来。

第一章
“爆款”思维过时，生态圈思维凸显——市场新思维

互联网时代，人们的生活结构发生了巨大变化。这种变化让市场瞬息万变，对企业来说每一天都是巨大的挑战。如果管理者忽视了市场的变化，还停留在过去靠着某款产品就能发展多年的阶段，不带领企业跟上市场的新变化，可能在一夜之间企业就处于危险境地。那么，市场发生了哪些变化，该以什么样的市场新思维跟上这些变化？这是企业管理者亟待解决的问题。

市场正在悄悄发生变化

互联网时代，随着科学技术的进一步发展，消费者的需求变得更加多样化和精细化。大数据技术的日臻成熟，让我们所处的时代每天都在发生着日新月异的变化。尤其是我们的市场，其变化已经让很多传统企业措手不及，不知道该去向何方。

我们熟悉的智能手机市场，前几年众多的手机厂商还能凭借某一款或者两三款爆款来抢占市场，但是到了 2015 年，这一切都发生了改变。小米手机放弃了只靠小米打造爆款的思维，开始延展产品线，以红米和小米 Note 分别布局低端和高端市场；华为也不甘示弱，以 Mate 7 向高端市场延展……智能手机市场虽然一片红海，但众多的手机厂商已经开始布局生态圈，因为它们嗅到了市场的变化。

我们总说“士别三日当刮目相待”，对于人是这样，对市场更是这样。互联网时代的市场，即使是企业时刻身处其中，也并不一定能摸得着市场的脉搏和发展方向，更别说是长期脱离市场闭门搞生产了。市场变化快，那么企业的管理者就要时刻跟上市场的变化，变换自己的思维，引领企业顺势而为。那我们当下面对的市场出现了什么样的变化呢？如图 1 - 1 所示：

1. 市场变得越来越专业化

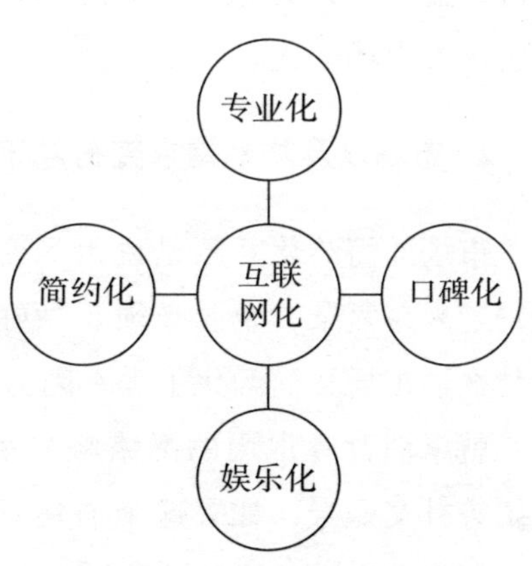

图 1 - 1　互联网化的市场变化

随着市场发展的不断深化和充分，社会专业化分工越来越明确。传统的企业讲究的是大而全，只要是与行业相关的事情，企业都要参与，广撒网才能多捕鱼。但是如今的市场早已发生了逆转，广撒网的结局可能是捕不到鱼。

2009 年 8 月，中粮集团正式上线运营“我买网”，这一举动算是开创了食品B2C（商对客电子商务模式）的先河。但是对每一个行业来说，只要发展势头好，就会有追随者。随着“我买网”的火热，各种B2C模式变得日益泛滥，甚至变成了竞争极为激烈的“红海”。面对市场的变化，我买网怎么办呢？2012年，我买网提出了专业化发展的思路，并明确将自身定位为“做食品网购专家”，专注于食品垂直细分市场，并立志要做深、做专、做精。我买网坚持在“舌尖”上下功夫，不断满足消费者需求，提高消费者黏性。所以，今天我们能够看到，我买网的发展蒸蒸日上。

“我买网”为什么能在一片红海中脱颖而出，发展得如此迅速呢？关键就在于其抓住了市场的变化，早早地走上了专业化发展的道路。专业化经营的核心要求就是将企业的资源优势集中投放到某一产业或产品领域，这样有助于降低成本，实现规模经济，满足顾客需求。我买网能够专注于“舌尖”，在一个细分领域下功夫，就是真正抓住了专业化的本质。

那么专业化有什么样的优势呢？最明显的优势就是，专业化可以提升企业的核心竞争力。任何企业要想发展，就必须具备一定的核心竞争力，而专业化可以让企业集中有限的资源，攻其一处，不断创新，永远保持自己的领先地位。并且，不断创新会自然而然地提升行业的门槛，其他的企业要想参与竞争，会有很大的难度。专业化的另外一个优势表现在目标市场的优势上。对于比较专业化的目标细分市场来说，企业对这个市场是比较熟悉的，企业的资源也比较成熟，核心竞争力强，企业能够在这个市场内保持稳定的规模经济效益。市场的专业化促使企业生产的专业化，所以企业的管理者一定要重视这一市场变化。

2. 市场以及产品需求变得越来越简约化

市场的简约化并不是说市场变得越来越简单，相反地，未来的市场将会变得越来越复杂，企业必须要做好充分的准备来应对未来复杂的市场。但是为什么说市场又简约化了呢？因为消费者变得越来越懒了。

就拿消费者常用的网络账号来说，一个消费者可能会拥有微博、微信、陌陌等社交账号，如果这个消费者想要在某个论坛或者是网站注册账号，他会觉得十分麻烦，所以这些网站就提供了可以利用其他社交账号登录的功能。这只是最基本的简约化表现。某些企业在设计产品的时候，为了增加产品的价值，故意将产品的使用设计得特别复杂，可能只需要一个键就能实现的功能，企业却设计出很多键来，这反而导致消费者不知道如何操作，从而对这个产品产生讨厌的心理。

产品简约化最明显的一个例子就是苹果手机。在苹果手机之前，所有的手机都要设置若干个物理按键，但是苹果手机却只设置了一个 Home 按键，就将所有的功能都容纳进来了，这样的产品，消费者自然喜欢。

企业在设计产品和设计市场战略的时候，一定要注意这个简约化思维，不能总是站在企业设计者的角度去思考问题，要站在消费者“懒”的角度去思考。

3. 市场的娱乐化趋势越来越明显

现代社会发展得越来越快，人们的生活节奏也快来越快。快节奏的生活让很多人感到疲惫，所以生活中多一些娱乐活动，才是人们所渴求的。很多企业抓住了消费者的这一需求，在生产产品和营销的时候，往往会加入一些娱乐化元素，让消费者在娱乐的过程中轻松消费。比如知名的电商京东，在参加“双十一”活动时，便采取了一系列娱乐化的营销宣传，消费者在看到这些宣传的时候，往往会参与其中，不自觉地成为京东品牌的传播者。

不仅是线上，线下的产品销售也越来越多地出现娱乐化倾向。有的产品做销售时会设计各种各样的娱乐活动，当消费者参与其中，玩得不亦乐乎的时候，自然会选择购买自己心仪的产品。据消息称，有的商家已经在进行模式更新，未来的商品销售将会植入在网游等游戏当中，在网游的场景中，消费者会有身临其境的感受，购物体验也就更爽快了。

4. 企业的口碑将越来越影响企业产品的销售

不夸张地说，在互联网时代，口碑很多时候决定着企业的生死（如图 1－2 所示）。在传统的商业市场中，口碑对产品的销售有着很大的帮助，但是因为信息传递的落后，一些企业即使出现了负面的口碑，通过一系列的公关手段，就能够消除这些负面的口碑，产品的销售受影响的程度并不大。但是互联网时代就不一样了，互联网让信息传递无界限。企业只要出现负面的口碑，

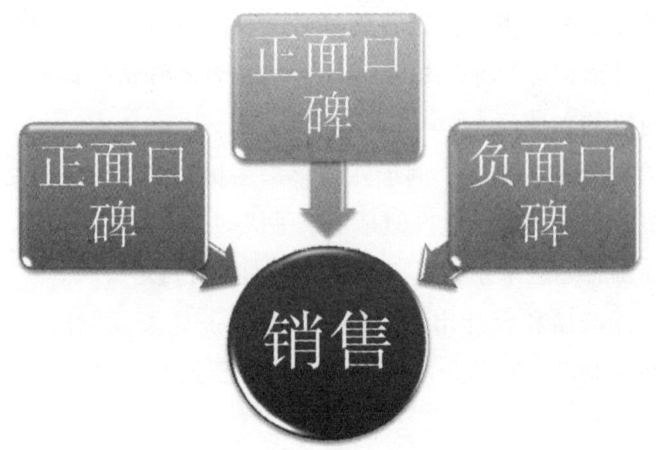

图1-2 口碑与销售

几乎同时就会传遍整个互联网，整个市场就会知道这一负面口碑。这一负面口碑对企业产生的影响可是巨大的，很可能就会让企业彻底倒闭。

2014 年的“双十一”，天猫可谓赚得盆满钵满，短短的时间内几百亿元的交易额让天猫赚足了风头。但令人意外的是，服装设计师吉承致马云的一封信却让上市的阿里巴巴站在了风口浪尖上。原来，“双十一”的时候，服装设计师吉承发现在天猫发布的新闻里，天猫的员工正穿着她已经申请了专利的卫衣，不过这些卫衣并不是从她那儿买到的。说白了，天猫的员工穿的都是冒牌货。这让专利人吉承十分不满，她公开了致马云的信，这在网络上迅速成为热点。天猫自己员工都买假货的消息让刚刚上市的阿里巴巴股票迅速下跌好几个百分点。

虽然天猫立马出来道歉，但是大肆传播的负面口碑也让阿里巴巴站在了危险的境地。所以网络时代，不管是什么样的企业，都要格外关注自身的口碑。不关注口碑的企业可能一着不慎就满盘皆输。

当然，与口碑紧密相连的还有一个新趋势，那就是粉丝经济。粉丝作为企业和产品最忠实的追随者和传播者，如果企业不重视自己的口碑，就有可能逐渐失去自己的粉丝。关于粉丝经济的详细内容，后面将会探讨，此处不再赘述。

5. 市场的互联网化趋势越来越明显

这一点毋庸置疑，互联网时代，市场也要紧跟时代的发展。如果做一个调查，到目前为止没有自己的官方网站，没有自己的官方微博，没有自己的微信公众号的企业有多少家，相信最终的结果也是可想而知的。在这样一个时代里，不参与互联网上的一切，企业就会迅速淡出消费者的视野，最终无人问津。

互联网化也不仅仅是表现在形式上，管理者要懂得市场的互联网化，更多地体现在思维意识层面。互联网的到来改变了企业的赢利模式，改变了企业的管理模式，更改变了企业的创新思路。作为管理者，只有深刻理解互联网的精神和思维，才能在市场浪潮中应变自如。

6. 市场生态圈地位日益凸显

所谓市场生态圈，就是指市场内各个要素、各个环节、各供应商形成一个如地球生态圈一样的可持续发展闭环。企业的赢利不再依靠某一两款产品，而是分布在市场的各个环节。就如苹果商店一样，围绕着苹果手机，各应用软件、歌曲等都能给厂商带来不菲的利润。

这市场的六大变化，足以引起企业管理者的足够重视。市场不断发生变化，关乎市场的因素每天都在出现或者消失，管理者只有洞察一切，高瞻远瞩地将市场的变化与企业自身的优势结合起来，让自己从传统的市场思维中转变过来，企业的未来才更美好！

市场迭代更新太快，企业要小步快跑

这几年，所有人都感觉到生活工作的节奏越来越快了。不管做什么事，感觉都像是在跟时间赛跑。企业更是如此，面对市场、客户，都在发生着剧烈而快速的变化。2011—2012 年，市场上的团购网站发展得特别快，为了抢占市场，各个团购网站拼命“跑马圈地”，希望能够得到更大的市场、更多的用户。但是没过几年，曾经轰轰烈烈的团购网站经过“百团大战”倒下了很多。如今依然在市场上存活并发展的，也就美团、糯米等几家不错的团购网。

2014 年年初，市场上出现了一款名为“脸萌”的软件产品，一时之间大家的手机里面都装了这个软件，并在自己的社交软件上使用脸萌的图片。但是仅仅过了两三个月，脸萌产品就几乎没有人使用了。新鲜产品的诞生，只能引起消费者一时的兴趣和关注，像脸萌的生命周期就短得让人咋舌。

这就是现在企业要面临的市场，瞬息万变、更新迅速、消费者的产品关注度和忠诚度极低等。在这样的市场中，如果企业不能小步快跑，那么如何能跟得上市场变化呢?

跟以往相比，互联网时代的市场出现了这么几个新的特点（如图 1－3 所示），也正是这些特点推动着市场的迅猛变化。

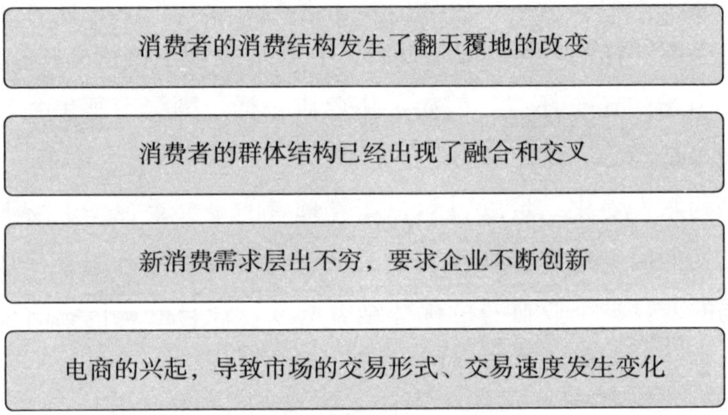

消费者的消费结构发生了翻天覆地的改变

消费者的群体结构已经出现了融合和交叉

新消费需求层出不穷，要求企业不断创新

电商的兴起，导致市场的交易形式、交易速度发生变化

图 1－3　互联网时代的市场特点

1. 消费者的消费结构发生了翻天覆地的改变

消费品不足的情况早已经成为历史，如果一款产品还在强调自己多么耐用，多么受大家喜欢，那这家企业管理者的市场思维一定是落后的。从过去的电视机到如今的小米电视，从过去的手机到如今的智能手机，消费者追求的已经不是产品能够使用多少年，而是产品能够带来什么样的体验和个性；消费者追求的不是自己手中的产品和大家都一样，而是追求自己多么与众不同。企业为了迎合这一市场特点，才要不断推出新品来吸引消费者，电子消费品才会每年出现好几代的更新。这样的市场，如果管理者还固守着过去的思维，想要造出多么耐用的产品，那企业该如何生存?

2. 消费者的群体结构已经出现了融合和交叉

企业再也不能单纯地以消费人群来划分市场。以往的企业，为了更准确地定位消费者，定位市场，将消费者分为白领、工人、农民等阶层，其产品也会根据这些阶层相应调整，以更符合同一阶层人群的口味。只能说，这种划分是一种粗放的市场划分方法。现如今，整个社会的各阶层互相之间融合交错，早已分不清谁属于哪个阶层了。在公司上班的人，谁是所谓的白领，谁是所谓的金领、蓝领？高端智能手机苹果手机，早已不是土豪们的专利，在大街上，拿苹果手机的人数不胜数，不管自己的经济地位怎么样，“穷人”也可以拥有一部苹果手机。

我们面对的市场，面对的消费者，再也没有办法简单地进行人群划分，企业能做的，就是根据消费者的需求进行人群定位。

3. 新消费需求层出不穷，要求企业不断创新

衣食住行，这是人类社会最大的需求。但是如今，这些市场内的消费品却无法保持一成不变。过去大鱼大肉的吃法被视为是富人的象征，如今喝天然果汁，吃五谷杂粮才是生活有品质的象征；过去市场上可以只有几种饮料，但是如今，市场上成百上千种的饮料还不能满足消费者的需求。企业为了给消费者更个性化、更新奇的体验，往往需要不断变化产品特性，创造新的产品卖点。企业的管理者必须改变以往一款产品打天下的思维模式，积极创造新卖点，丰富产品品类，精准定位目标客户，这样才能赢得市场。

4. 电商的兴起，导致市场的交易形式、交易速度发生变化

互联网时代，就是电商的时代，企业管理者必须重视电商市场的发展。关于这一点，在后面将会详细论述。

正是这些新的特点导致商业市场发生了非常巨大的变化。除了社会技术进步方面的因素外，只是消费者对市场的改变，就足以让企业管理者转变思维，迎合变化了。就像很多企业家在前几年非常不看好电商，但是这几年却不得不做电商一样，市场会逼着每一个企业管理者去做出改变，如果管理者的思维停滞不前，那市场只能将其淘汰。

市场更新迭代如此之快，企业如何才能小步快跑跟上其步伐呢？企业的管理者又该如何转换思维模式，迎接这个时代的巨变呢？

作为管理者，自然要比其他人站得更高、看得更远。互联网已经侵入人类生活的每一个角落，也正在改变着人类的消费和思维方式。互联网讲求一个“快”字，这个时代也是唯快不破，所以管理者要必须要有“快”的思维。一个好的主意产生，就要立马付诸实践；发现一个新的市场，就要迅速介入和占领市场。而不是过去那种前思后想、犹犹豫豫的思维模式，不是静观其变，看别人会怎么样。这是一个争分夺秒的时代，管理者必须和自己的企业一起小步快跑。

既然消费者的多样化需求主导市场，那企业的管理者自然不能忽略或怠慢消费者的需求变化。年轻的消费者需要时尚、青春元素的产品，企业却生产出了沉稳、过时的产品，消费者自然不会埋单。要探索和琢磨消费者的需求，企业的管理者就需要深入到消费者当中去，亲自把脉。发现他们的需求，然后立刻满足他们。这样的企业管理者才算得上是与时俱进的管理者。

另外，我觉得企业的管理者还应当摒弃过去那种“懒”的思维。企业管理者总觉得紧跟市场需求会导致企业发展无法把控，去细分市场探求消费者的需求会增加企业的成本，这种“懒”的思维会将企业拖入一个进退维谷的境地。一方面，企业生产的产品销售不出去，企业赢利堪忧；另一方面，企业又无法开发出新产品，不知道自己的市场在哪里。这样的企业，很快就会陷入失败的泥淖。

身为管理者，对于市场变化的把握，并不只是看看季节、然后准备点儿应季的货品那么简单。它涉及决策者们的魄力、胆识、对未来趋势的掌控能力以及长远目光的准确率。这种预测有点类似于赌博，市场的未来前景不会犹如春夏秋冬那般井然有序，我们都不是先知，没法预知明天会发生什么事情，但是，依靠决策者的经验与思维，加上三分运气，相信企业的管理者能够大致把脉市场的未来，领导企业走向新的阶段。

市场不是需要满足，而是需要开发

相信很多企业的管理者在面对市场时，还是这样的思维：市场上只要哪款产品卖得好，我就赶紧跟风而上，只要能满足消费者，我的产品就不愁卖不出去。听上去，这样的市场思维确实不错，有了市场需求，就可以去生产；满足了需求，产品就不愁卖。但是现实真是这样吗？

现实可能跟你想的完全两样。

就拿手机市场来说，这几年的手机市场竞争可谓激烈，不管是国产手机还是苹果、三星手机，都在为满足市场需求拼命竞争，手机市场已经变为一片红海。如果一家手机企业只是将眼光盯在普通的市场需求上面，那这家企业的未来必将岌岌可危。因为最大众化的产品，最有可能在很短的时间内达到市场饱和，从而出现滞销的状况。

在智能手机没有被研发出来之前，如果一款手机增加了摄像头，或者是MP3（一种播放器）功能，那这款手机在市场上就会卖得很好。其他手机厂商看到这种情况后，也拼命跟风，于是市场很快就会饱和，拥有摄像头和MP3功能的手机变得稀松平常，消费者选择手机的时候便不再被这几样功能所吸引。

同样的道理，智能手机被研发出来后，摄像头、视频播放、软件应用等，都会成为某款智能手机抢夺市场的亮点。但是普遍性的市场需求总是非常容易饱和，很快国内各大手机生产商就一涌而起，将大众化的手机市场占据得水泄不通。对于跟风的企业来说，面对这样的市场，即使你生产出的手机很耐用，质量很好，也是没用的，因为市场已经满足了。

那么，为什么还有那么多的手机生产商依然生存得很好，依然牢牢地占据着市场呢？因为这些手机厂商并没有一味去满足市场，而是根据自身的优势，选择了某个细分领域，专心开发市场。

例如，针对老年人的手机使用习惯，某些手机生产商开发出了操作简单、屏显清晰、声音洪亮的老人机。老年人使用这些手机的时候就能给他们更好的体验——大字显示屏可以让眼花的老人看得更清楚，铃声响可以让耳背的老人及时听到手机铃响等。

同样地，市场上针对小孩开发的手机也有很多。一些手机生产商针对小孩子的特点，制造出简单好玩的小型手机，虽然只能通话，但这种手机具备实时定位功能，使用这种手机家长可以实时知晓自己孩子的方位和情况。有的厂家则为了携带方便，还专门研发出手环式的儿童手机，这都是为了满足市场的需求。

我们可以很清楚地看到，市场是无可控制的，它要么太容易被满足，一旦出现新的市场增长点，众多企业一拥而上；它要么太不容易被满足，必须企业努力去开发。在互联网时代，消费者需求变得多样化，变化快，细分的市场就更不容易被满足。

那么，企业为什么不像上面提到的手机厂商一样，根据自身优势，选择细分市场去开发呢？如果某个细分市场是你开发出来的，那么你将牢牢地占据这个市场的话语权。试想，如果上面提到的手机生产商只知道一味跟风，盲目地去生产大众性的智能手机，那么这家企业该如何在竞争激烈的市场中卖出自己的产品呢？拼价格？小米会将它远远地甩在身后；拼品牌价值，苹果手机、三星手机是手机市场的大佬。但是要拼老人、小孩手机市场，该厂商绝对有话语权，因为它占据着巨大的细分市场。

这就是为什么说管理者绝对不能以满足市场的思维去面对市场，被动的思维模式会让企业总是走在市场热点的后面，即使能够分一杯羹，那也是残羹冷炙。作为企业的管理者，为了让企业的产品不但占据市场，而且牢牢地掌控话语权，就必须要有领先的市场开发思维。不但要开发优势的细分市场，也要开发消费者的潜在需求。只有这样，企业才能立于不败之地。

那么，管理者该以什么样的市场思维来开发市场呢？其开发步骤如图1－4所示：

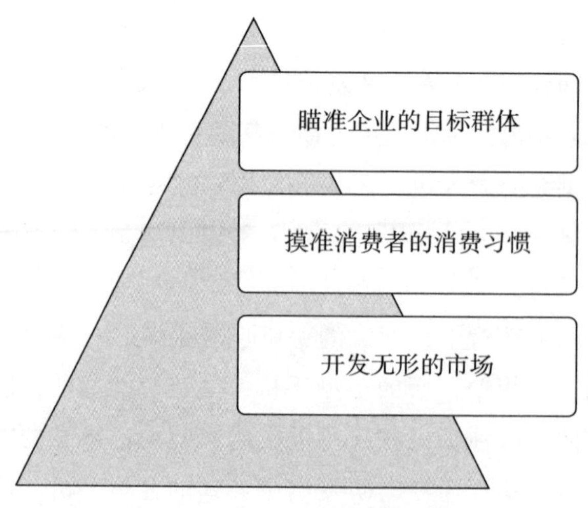

图1－4　管理者开发市场的步骤

市场直接面对的是消费者，那么消费者的需求就是企业关注的重点。要开发市场，就必须先关注消费者的需求。

1. 瞄准企业的目标群体

整个消费市场太大了，任何一家企业都不可能面面俱到，要想开发市场，就必须瞄准企业较为擅长的市场。比如有的企业非常擅长女性手机的研发，他们懂得女性消费者最深层次的需求，那它开发的女性手机产品就一定很火热；有的企业对老年群体非常熟悉，所以它们开发出的老年人手机产品就必定无人能敌。管理者对消费者目标群体的选择非常重要，这决定着企业市场的发展方向，若不能根据自身特长选择，那这个企业开发的市场产品必定跟消费者的需求是脱节的。

2. 摸准消费者的消费习惯

消费者想要什么样的产品？消费者将需要什么样的产品？什么样的产品能刺激消费者的需求……这些都是企业管理者需要全盘考虑的。如果企业想开发一款女性使用的 APP 软件，那到底是开发像大姨吗一样的软件？还是开发像美图秀秀一样的软件？针对企业的发展方向，管理者一定要摸清消费者的习惯，这样才能有的放矢，准确并占据市场。

3. 开发无形的市场

当然了，开发市场并不一定就是开发有形的市场，无形的市场也要懂得开发。比如企业产品的品牌价值，产品的隐形价值等。苹果手机作为高端市场的佼佼者，为什么普通的消费者也趋之若鹜，因为对普通消费者来说，它的品牌价值远远大于手机本身。为什么某个俱乐部的会员卡价格是其他同类俱乐部的十几倍？因为凭着这个俱乐部的会员卡可以免费参加一些高端社交圈。这样的例子举不胜举。并不一定只有有形的市场才有价值，无形的市场或许更能给企业带来丰厚的利润和美好的前景。

总之，管理者绝对不能以被动思维来面对市场。企业要生存和发展，就必须打破一味满足市场的思维，要培养开发市场的思维，只有这样，企业才能够在市场竞争中保持独立，游刃有余地面对市场变化。

你的市场在街上，还是在网上

当下，电商是市场发展的主流，各行各业都掀起了一场轰轰烈烈的电商浪潮。很多企业的管理者受到电商思维的影响，也跃跃欲试地搞起了电商。但是往往很多企业在试水电商后发现，电商并没有传说中的那么容易和简单，尤其是一些传统企业一“触电”就死。电商不是当下最流行的商业模式么，为什么有的企业却死在了电商的怀抱里？

造成这样的结果，其实是企业的管理者并没有很好地理解电商思维，看到别人在电商中赚到了钱，就急匆匆地冲进去，想要分一杯羹。殊不知，羹没有分到，自己却栽在了电商中，被电伤。

电商是互联网时代的产物，它自然是当下商业市场中的宠儿。电商依托于互联网，通过网络的形式开拓市场、销售产品，我们常见的淘宝网、京东等就是主流的电商平台。它们主要是通过互联网和物流的结合来销售产品，是最基本意义上的电商。但是电商就等同于在网上卖产品吗？

很多企业的管理者理解的电商就是在网上卖产品，所以也学着其他企业专门找人开发了电商网站，把自己的产品放到了网站上售卖。但结果往往出乎企业管理者的意外，自己平台上的产品根本就卖不出去，电商的销量还不如企业在线下销量的1/10。这是为什么？

其实，在一开始，很多企业的管理者就理解错了电商的含义。电商是基于互联网这个自由、开放平台的，电商能够打破传统市场的地域、空间限制，让商品实现自由流通，这不假。但并不是说所有的商品都适合在网络上销售，也并不是说做电商就一定要把产品搬到网上去卖。

企业产品面对的是消费者，只要是消费者愿意购买的方式，企业都可以去涉足。比如衣服、鞋袜等生活用品，消费者任何时候都有需求，不管是在网上还是在线上的实体店里，消费者也都愿意购买。如果有的消费者急需某样生活用品，他会到线下实体店购买，因为电商的物流速度是根本无法满足时间要求的。很多人认为电商一定会替代一切的实体店，这绝对是错误的。

实体店有实体店的优势，电商有电商的优势，它们相互弥补不足之处。

企业的管理者在制定市场发展战略的时候，一定要牢牢地盯住自己的消费群体在哪里，分清楚自己的消费者是在街上消费还是网上消费。

一般来说，高端产品大都以实体店的形式售卖。整个社会的高收入人群，他们网购的兴趣不大，大都愿意进行体验式的购物。而讲求实惠和对商品价格比较敏感的消费人群，则更愿意在网上购物。如果一家企业生产的是高端产品，那么企业的市场重心应该是线下的渠道，而不是跟风做电商。

另外，受商品性质和保质期的影响，有些行业也是不适合做电商的。比如餐饮业（除快餐外），消费者的消费习惯永远是去线下的饭店消费，而不是选择网购回家里消费。再比如啤酒，没有多少人愿意在网上网购了啤酒，存着慢慢消费。大都是在有消费需求的时候直接在线下的实体店里购买。

所以并不是说企业一做电商就能够化腐朽为神奇，要开拓自己的市场，就要弄清楚自己在线上的市场更有优势，还是在线下的市场更有优势，而不是一拥而上做电商。

在网络上，企业并不一定就非得售卖商品，从宽泛的电商角度来说，企业只要有参与互联网的行为，就可以看作是电商行为。

雕爷牛腩在刚开始研制的时候，就不断在网上发布信息，请明星试吃，在微博、微信、大众点评上发布消息，征求意见。所以，一场关于雕爷牛腩的互联网营销早就在其正式开店的时候蔓延开了。产品未出现，就已经受到很多人的关注。实体店未开业，消费者就迫不及待地等着消费。

雕爷牛腩开店了，它肯定是主打实体店，消费者需要到店里真正消费。但是，在线下实体店红火的同时，雕爷牛腩的线上宣传却从来没有停止。消费者可以在大众点评网上下单，到雕爷牛腩的实体店里消费。难道你能说雕爷牛腩不是在做电商吗？他用的是电商的思维和形式。

如果雕爷牛腩没有在互联网上做营销宣传，只是通过实体店的营业宣传来经营，那么雕爷牛腩没准一个月就倒闭了。更别说是大家通过网上下单，线下消费的形式去品尝了。说白了，雕爷牛腩的市场，其实大部分还是在网上。

所以说，企业的消费者绝不能拘泥于电商的形式，说做电商就把产品都放到网上去卖，说市场在线下就集中所有的精力攻线下。电商和线下市场是互相弥补的两个方面，你的市场消费者主要在哪儿，你就去哪儿寻找你的消费者、销售你的产品。但是绝不能一条腿走路，也要兼顾另外的一方面。

这个时代，不关注线上的市场是不行的，因为它是产品销售的一个重要渠道；而只关注线上市场也是不行的，因为很多行业和产品最合适的市场在线下。电商给当下的企业增加了很多可能，也对很多企业的管理者提出了挑战。面对众多的市场，到底该如何取舍，管理者到底该怎么决策、怎么协调？这都需要管理者运用全新的市场思维去勇敢面对。

如何守住你最专业的市场

在以往，一家企业只要开拓出一片市场，并努力维护好这片市场，企业就可以生存得很好。一家地方性的小工厂，因为天然的地域优势，只要能够生产出好的产品，建立好自己的渠道，企业的管理者根本就不用考虑市场的问题。但是现在，这一局面已经被残忍地打破了。

传统的企业和传统的市场思维已经跟不上时代的发展了。随着市场自由化的进一步深化，全国乃至全球都成为一个可以互相流通的大市场。在很多地方，通过互联网可以买到世界上的任意一款产品，传统企业的区域优势已经消失了。消费者购买东西的时候，他可以选择这个品牌，也可以选择那个品牌。

市场自由化当然也导致市场竞争进一步加剧，很多知名品牌的产品为了抢夺市场，增加产品销售，也将业务拓展到了原来它们不愿意涉及的地域。这样一来，知名品牌的产品就更能吸引消费者，具有地域性的产品不但在品牌竞争中没有优势，而且在服务上也无法超越知名品牌。

这样的市场局面，让诸多传统企业始料未及，甚至是手足无措。企业原来自以为最专业的市场，突然被别人给抢去了，而自己却毫无办法，管理者能不着急吗？

以我国比较大的照明市场来说，因为照明技术的发展和完善，很多传统照明企业遭遇到了前所未有的竞争和挑战。国家在前几年刚刚推广节能灯的时候，很多企业瞅准了机会抢先一步占据了很大的节能灯市场。但是节能灯因为汞污染的问题，也不是最理想的照明工具。这几年，国际上逐步推行“禁白政策”，白炽灯逐步退出市场，而新兴的 LED（发光二极管）灯成为了市场的宠儿。那些刚刚在节能灯市场站稳脚跟的企业又要面对新一轮的挑战。更可怕的是，有些企业的业务会受到自身新业务的威胁。

据资料显示，2014 年上半年某知名照明公司传统节能灯业务下降了 17%，而其 LED 照明业务上半年增长了 60%。如此大的竞争压力，让企业原来在传统照明方面的专业优势不复存在了。企业该怎么办？企业的管理者该怎么办？

对企业来说，如果面对这样的情况，那唯有迅速转型，才能生存下来。只有先生存下来了，企业才有机会占据市场。当然，这样的危机局面并不是每个企业都会遇到的，如果只是面对企业转型的挑战也就罢了。对于更多的企业来说，来自知名品牌的竞争压力才是最可怕的。

还以照明行业为例。这几年，国内的一些知名照明品牌，为了抢夺更多的市场，它们利用自身的品牌及规模优势，在全国各地大打价格战，并且在产品方面还推出符合当地消费需求的产品。加上这些知名品牌拥有雄厚的资金实力，它们利用资金优势大力抢夺原来属于地方企业的渠道。地方企业多年形成的渠道、产品优势在一夜之间荡然无存。

面对这样的市场竞争局面，企业的管理者还会沾沾自喜于自己曾经拥有的专业优势吗？还会固守自己的市场无动于衷吗？当然不是。任何一家企业都不会甘心自己的市场和优势拱手相让，面对自由化的市场，面对大品牌的竞争压力，企业的管理者只有采取合理的措施（如图 1－5 所示）守住自己最专业的市场，才能保证企业拥有旺盛的生命力。

1. 不恋过去

企业的管理者应该明白，既然曾经巨大的市场已经被其他竞争者抢去了，那就不要在耗费巨大的精力再去抢回来。很多中小企业根本没有雄厚的资金实力跟这些大品牌对抗，要抢回来市场谈何容易。既然无法抢回市场，那么选择一块小的市场深耕固守该是可以的吧！企业可以缩小战场以小博大，尽

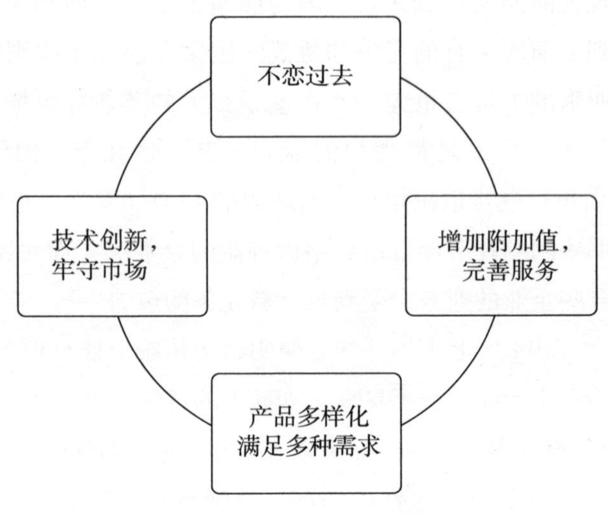

图 1－5　守住市场的措施

量成为小池塘中的大鱼，找一块小到大企业不愿意要的市场来进入。而企业自己又足以守得住这块细分市场。那企业就拥有了足够的市场竞争力，不管这块市场多么小，只有自己才有发言权。守住了市场，就要在产品上有所突破，并始终保住这一优势。企业要以细分市场的产品作为切入点，从而成为某一细分领域的佼佼者，只有这样才能让企业在业界提升品牌，找到自己的生存空间。

2. 技术创新，牢守市场

拥有了小的市场，就要用创新的技术来牢牢固守这片市场。对于任何一个企业来说，创新都是其生命线。大品牌的产品质量优，价格低，但是因为要面对广大的消费者，所以其总体显得比较平庸，没有产品的鲜明个性。大品牌也不会为了某个区域市场去专门进行市场技术研发，这就给了其他企业以机会。只要能够有足够的技术创新，企业的产品就会拥有足以和大品牌相抗衡的实力。这些创新技术能够帮助企业守住最专业的市场，并步步为营地去获得更大的市场。

3. 产品多样化，满足多种需求

消费者的消费需求是有很大差异的，尤其是互联网时代，消费者的需求更加多样化。这就要求企业的产品必须满足消费者的个性化需求，而全国性的大品牌除了主打产品外，不大可能针对每一个市场都去开发太多的差异产品。再者，大品牌对区域消费者的消费需求并没有像地方企业那么清楚，其制定产品策略的时候针对性没有那么强。这都是地方企业具有的优势，企业可以依靠自己多年积累的产品开发经验，以最专业的角度生产出最适合当地消费需求的产品。当然，我们也知道每一种差异性产品的市场容量并不大，但是这些市场的竞争往往相对平缓，对一些中小企业来说，这已经足够了。

4. 增加附加值，完善服务

中小企业要利用自身的区域优势，增加产品的附加值，完善服务。任何产品，消费者都希望能够物有所值，都希望得到更好的附加服务。比如消费者购买了一台冰箱，他会期望这台冰箱在出现问题时，能够得到更好更快地解决。他会希望冰箱符合他的使用习惯……对于大品牌来说，售后服务永远是跟不上的，大众的产品也不可能出现太多附加值的。而对于中小企业来说，这些就都不是问题了，售后服务绝对跟得上，为区域内的消费者服务，它们肯定是最专业的。而关于产品的附加值，可以进行多样化的考虑，适当结合当地的实际情况，让消费者感到这些附加值是有实际使用意义的。

总之，对于企业的管理者来说，领导企业守住自己最专业的市场是当下竞争极为迫切和紧要的事情。守不住自己的专业市场，不能在市场竞争中凸显自身的优势，企业在未来的市场中将无立足之地。

第二章
好模式坐电梯，无模式爬楼梯——模式新思维

商业领域经常会有神话诞生。电子商务在短短的时间内创造出了阿里巴巴、京东等知名上市企业；平台模式让诸多企业华丽转型，并获得新生；而免费模式则成就了像360安全卫士这样的互联网企业。这个时代企业不再需要比拼规模，而是要比拼模式。选择一个好的商业模式，企业就如坐上了电梯，能在短时期内获得飞速发展。

机场大巴免费坐，航空公司如何赢利

相信坐过飞机的朋友都有这样的感受：各地的飞机场大都在远郊，下了飞机后乘客还得花钱乘坐专门的大巴到市区，或者是自己花更多的钱打车去郊区飞机场。这种下了飞机或到飞机场还得通过另一种付费交通方式到达目的地的情况，让很多经常出差的人非常头疼。那有没有一种免费乘车的方式来解决乘客的这一烦恼呢？当然有。

四川航空就非常巧妙地设计了一种商业模式，在满足乘客免费乘车需求的同时，又让自己的利润出现了极高的增长。

当乘客乘坐飞机到达四川成都机场的时候，会惊奇地发现，在机场外面，有上百辆休旅车，这些车上面都用醒目的字写着“免费接送”。下了飞机的乘客可以乘坐这些休旅车免费去市区的任何一个地方。要知道，从成都机场到成都市区，如果是搭乘出租车，需要额外花费 150 元人民币。那为什么四川航空在成都机场可以提供这种免费的班车呢？

原来，四川航空公司通过资源整合的方式创造出了一种新的商业模式，具体来说是这样的：

四川航空公司首先一次性从风行汽车订购了 150 辆风行菱智 MPV（多用汽车）。订购的时候，四川航空公司向风行汽车提出了要求：一辆原价 14.8 万元的菱智 MPV 汽车，风行汽车要以每辆 9 万元的价格卖给四川航空公司；四川航空公司给风行汽车的承诺是，四川航空公司让每辆载客车的司机在途中向乘客详细介绍菱智 MPV 的性能，相当于免费广告。

对于风行汽车来说，一次性订购 150 辆汽车，这是一笔大单，虽然价格低，但是能够获得免费广告。每辆菱智 MPV 可以载 7 名乘客，每辆车以每天 3 趟计算，150 辆车，带来的广告受众人数大约是 200 万人。这样的宣传效果，无疑是极好的，还可以节省风行汽车大笔的广告费用。这也是非常划算的。

有了车，那么司机从哪儿来呢？四川航空公司立马发布了招聘启事，承诺司机可以以 17.8 万元的价格购买一台菱智 MPV，附带的条件是，司机购买了车辆后，他们只要接送一个乘客，四川航空公司就会付给司机 25 元钱。并且这些车司机购买后，使用权和所有权都是司机的。这下子，四川航空一下子入账人民币（17.8 − 9）×150 = 1320（万元）。

可能有人会怀疑，司机又不傻，为什么要以高于市场价的钱买车呢？司机确实不傻，对他们来说，购买了这样的车，就相当于从机场获得了稳定的客源，他们开车接送就再也不愁客源了。购买了这车还额外获得了出租车的特许经营权，接送乘客还能获得四川航空支付的每位乘客 25 元的补贴，成为四川航空公司的专线司机何乐而不为呢。

对于四川航空公司来说，布局完这些后，它就立马推出了只要购买五折票价以上机票的乘客就能享受免费接送的活动。这 150 辆免费接送乘客的车每天都会在成都市区跑来跑去，四川航空公司的优惠活动等每天都可以通过这些车让广大消费者知晓。这样的广告效果好，还不花钱，四川航空公司自然也划算。最令人惊讶的是，这一模式实施后，四川航空公司平均每天多卖出了 10000 张机票！

看到这里，想必大家都明白四川航空公司的商业模式了吧。通过免费的形式将资源进行整合，然后在资源整合的过程当中增加自身机票的销量。虽然成本提升了，但是相比于利润的增长，成本的增长是应有之意。从这个案例当中，我们或许能够对免费商业模式了解一些了（如图 2 − 1 所示）。

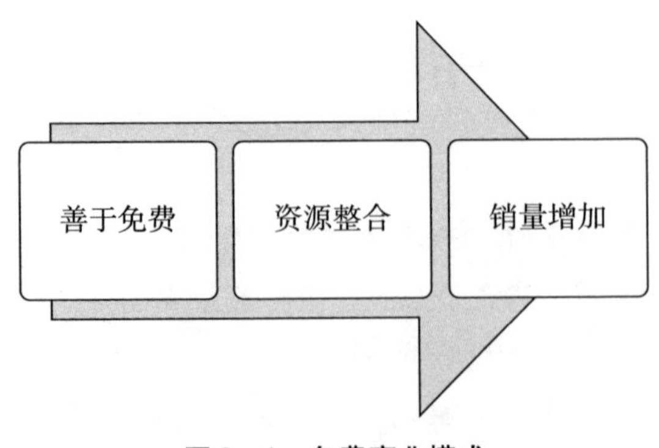

图 2 − 1　免费商业模式

1. 免费模式

乘客免费坐大巴，这本身就是一种诱惑，可以让四川航空公司的口碑影响更大。其实，免费模式并不新鲜，很多企业以前在用，现在也还在用。众所周知的360杀毒软件，就是通过免费模式占据了巨大的市场。免费模式瞅准的就是消费者占便宜的心理，只要是免费的，不要白不要。在互联网时代，免费模式运用得更广泛，随处可见的免费模式，但是真正将免费模式运用得好的企业并不多。至于如何使用免费模式，在后面将提到。

2. 善于调配资源，合理设计模式

对于四川航空公司来说，没有自己的司机，没有自己的商旅车，也没有自己的广告公司。但是如今社会化分工这么明确，不同的环节就有专门的人和公司去做，车和司机都可以轻松得到，只要调配好这些资源就好了，这这就是商业模式的巨大威力。

3. 自身产品的恰当跟进

四川航空公司如果不以折扣机票的形式展开销售，即使广告做得再好，机票的销量也不会出现大幅度的增加。如果四川航空公司不善于将自己的优惠信息在接送旅客的商旅车上宣传，消费者也就不能及时知晓。所以即便是商业模式布局得再好，自身的产品和服务一定也要跟上，这样才能获得良好的效果。

我们经常说，企业的商业模式很重要，有好的商业模式，企业发展就像是坐了电梯，而没有好的商业模式企业发展就像是爬楼梯，既缓慢又费力。所以企业的发展，不能离开好的商业模式。

而如何选择好的商业模式呢？这就需要企业根据自身的资源和技术优势去做选择和设计了。我们熟知的麦当劳、肯德基，他们的商业模式设计得非常好。可能有人会单纯地将这两家企业看成是餐饮企业，但是只要你深入探究麦当劳和肯德基的赢利模式，你就再也不会相信它们只是餐饮企业了。

商业模式固然重要，但商业模式也是企业根据自身的优势逐步探索和设计出来的，而不是盲目跟风跟出来的。在商业模式风靡的今天，企业的管理

者一定不能乱了阵脚，跟风而上。只有找到适合自身发展的模式，企业的发展才会坐上直线上升的电梯。

企业的定位决定企业的商业模式

企业跟人一样，为了实现发展，首先要在整个社会当中寻找属于自己的位置。只有明确并确定了属于自己的位置，一家企业才会有清晰的目标，充沛的发展动力。而寻找自己位置的过程，其实就是企业的定位过程。

之前也提到了，任何一家企业的发展，都与人密切相关，尤其是与客户密切相关。没有客户的企业是无法生存的，所以企业的定位之一就是客户定位。客户在哪里？客户的需求是什么？客户有什么样的特征等，都需要企业进行明确的定位。只有精准地定位了客户，企业才有明确的发展方向。

企业的定位之二，自然是行业定位。每个行业都有属于自己的发展规则和模式，也都有一些特定的发展资源。如果企业找不准自己的行业定位，那企业对于市场的规则、模式、资源等就完全是茫然的，更别谈什么发展了。

企业的定位之三，是企业的市场和产品定位。企业要开拓和占据什么样的市场，要生产什么样的产品，都需要精准定位。

客户定位、行业定位、市场和产品定位，这三个定位是构成企业发展的三个基本要素。企业要提出发展战略，提升自我的核心竞争力，赢得持续发展的动力，都必须紧紧围绕这三个定位来进行。其中，客户定位是三个定位的中心，失去了客户，一切都是空谈。并且，企业的定位也关系到企业商业模式的选择，不能准确定位，就无法选择适合企业自身发展的商业模式。

那么，在选择合适的商业模式之前，企业该如何准确定位自己呢？如图2－2所示：

1. 客户定位

企业要锁定自己的目标客户，确实非常不容易。因为地域和市场细分的不同，导致客户的需求也是多样化的。但不管客户的需求差异多么大，同一类客户总有相同的特征。企业可以通过创造性的方法来甄别和定位客户。其一，企业可以通过质疑和否定已有的客户思维定式，从自身的产品出发来推断有相同需求的客户，以及思考产品的有哪些隐含功能符合客户的潜在需求。通过这样的质疑，企业就能更清晰地认识客户需求，从而重新划分客户。其二，从多方位、多角度思考客户。可以先确定一个合适的客户标准，然后用这个标准去识别和甄选客户。企业可以自问为什么能够吸引这些客户来进一步明确客户定位。其三，量体裁衣，以企业自身的资源和优势来定位客户。如果实在无法精准定位客户，最省力的方法自然是以自身优势去选择客户。只要客户的需求与企业的优势与资源相匹配，那这样的客户就是企业要寻找的客户。

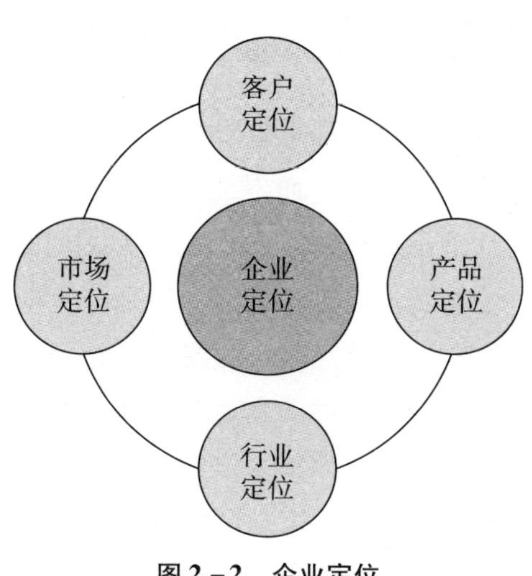

图2-2　企业定位

2. 行业定位

行业定位说起来容易做起来难，很多公司已经发展得足够大了，但是却没有办法给自己一个明确的行业定位。某商业地产策划公司的老总就曾非常疑惑自己企业的定位，说是房地产企业吧又不算，说是咨询策划公司吧，貌似又不全是。所以该商业地产策划公司往往会因身份定位上的混乱，导致有时候业务受到很大影响。行业定位，最常见的方法，就是根据企业自身的产品或者是服务来定位自己，比如顺丰快递，就属于快递行业；淘宝，就属于电商行业。当然这样的行业定位是比较粗糙的，企业可以增加其他因素再进一步细分定位。行业定位的方法之二，是根据企业从事的服务来进行定位。每一家企业，说白了都是在为客户提供直接或隐性的服务。可口可乐的生产商所处的行业就是制造加工业，而可口可乐的销售企业，就属于供应和零售行业。其他的行业定位方法不再赘述，企业可根据自身特性进行选择和探索。

3. 市场和产品定位

市场和产品都是紧跟客户的需求变化的。生产袜子的企业可能因为目标客户大多是女性，而专注于女性袜子的制造，专注于女性产品的市场开发。所以企业在进行市场和产品定位的时候，一定要抓住企业的重点目标客户。客户定位可能是多样化的，但是企业重点开发和服务的客户却是一定的，只要抓住了这些重点客户的需求，企业的市场和产品定位就不是难事了。

既然企业能够准确地对行业、客户、市场和产品进行定位，那么企业就应该通过这些定位来制定自己的战略决策，来界定自己的竞争者，来寻求自己的合作者，来确定自己的商业模式。

企业有了好的定位，才能选择一个更合适的商业模式，而商业模式的重要性是显而易见的。商业模式建立在企业对自身精准的定位之上，它是企业如何赢利和赚钱的商业逻辑。那一个好的商业模式包含哪些要素呢?

一个好的商业模式要包括 10 个方面的要素：价值定位、目标市场、销售和营销、生产、分销、收入模式、成本机构、竞争、独特的销售方案、市场大小和份额。这 10 个要素中，很多都是与企业的定位紧密相关的。价值定位，反应的是企业的客户定位，能够提供的服务价值等。比如小米手机在刚发展之初，提出的价值定位是“为发烧而生”，所以它初期的很多客户都是手机发烧友，小米手机提供的手机也以满足客户的自我动手需求为主。目标市场，反应的是企业的市场和产品定位，比如某女性手机品牌，其目标市场是 20～35 岁的年轻时尚女性，所以其商业模式的选择就十分符合这个目标群体的特点。

商业模式的这 10 个要素，决定了企业发展的方方面面。目前存在于市场中的商业模式有很多，比如平台模式、电商模式、免费模式、“饵与钩”模式、加盟模式、代理模式、直销模式、O2O（线上线下电子商务）模式等不一而足。这些模式并不是确定不变的，不过这些模式在市场的发展和磨合中被证明是比较成功的模式。

对于任何一家企业来说，自身的特点和优势都不一样，所以选择的商业模式也肯定不一样。即使是不同的企业选择了相同的商业模式，那具体的应用和落地，肯定也是千差万别。像只有几个员工就能年赢利几千万元的企业所采用的类似免费的模式，放在其他的企业里，并不一定就能施行得开。大家都非常熟悉的戴尔公司，让他们成功的直销模式就一直为商业界所称赞，但是很多企业模仿戴尔的直销模式的时候都会失败，因为各个企业背后的资源和优势是不一样的。另外，在不同的发展时期，各种模式的生命力也不一样，当下比较流行的电商模式、免费模式，要是放在以前，基本上都无法开展。

所以，企业的管理者在准确找到企业的定位后，一定要根据企业定位和自身的优势及资源，合理有效地探索适合自身的商业模式，而不是盲目去模仿别人。马云的阿里巴巴成功了，这是时代和他独有的资源造就的，以后再也不会出现像阿里巴巴这样的企业了。不管企业管理者怎么带领企业发展，只有适合自己的商业模式才是最好的！

海尔搭建平台支持员工创业的思考

提到海尔，相信很多人都会想到这样几个关键词：冰箱、洗衣机、厨房电器等。作为全球白色家电[①]第一品牌，海尔在全球 17 个国家拥有总共约 7 万名员工，其用户遍布全球 100 多个国家和地区。在中国，海尔这个品牌人人皆知，海尔生产的家电产品也遍布中国的诸多家庭。

按照常理来说，海尔作为地地道道的制造企业，其应该在传统企业的行列之内。但是秉承创新、智慧生活理念的海尔，并没有仅仅停留在制造业这个位置上，经过多年的发展，海尔已经成长为全球领先的整套家电解决方案提供商和虚实融合通路商。在互联网时代，海尔的创新步伐并没有停止，在互联网冲击传统行业的时候，海尔适时地对自身的发展做出了调整，并摇身一变成为了引领潮流的创业平台。

1. 海尔的“三化”战略

2014 年，海尔出人意料地提出“三化”战略（如图 2－3 所示），并承诺

---

① 白色家电指可以替代人们家务劳动的电器产品，主要包括洗衣机、部分厨房电器和改善生活环境提高物质生活水平（如空调、电冰箱等）的电器。早期这些家电大多是白色的外观，因此得名。目前中国大陆是世界上最大的白色家电生产基地。

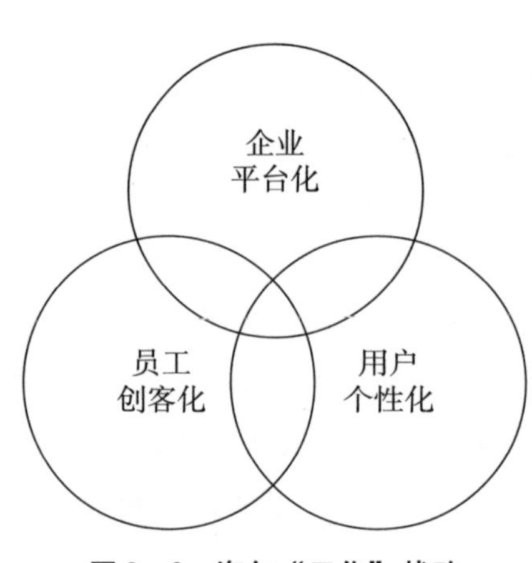

图2-3 海尔“三化”战略

海尔将化身为创业平台，支持海尔的员工积极创业。其中，海尔提出的“三化”战略是指“企业平台化、员工创客化、用户个性化”。海尔集团的首席执行官张瑞敏甚至这样描述海尔的未来：海尔未来只应有三种人——平台主、平台上的小微主、小微里的创客们。因而海尔的员工也摇身一变成为了创业者，海尔呈现出全员创业的局面。

很多人会好奇，海尔是一家传统企业，在互联网时代，传统企业需要转型，但是如此大的改变，风险足够大，海尔哪来的底气？确实，海尔的转型是让所有人始料未及的，但是仔细推敲海尔的转型思维，你就会发现，海尔不管怎样转型，其核心总是保持不变的，那就是用户。

对于所有产品来说，用户都是最重要的，尤其是互联网时代，用户是一切产品的核心，只要抓住了用户，企业再怎么转型，都是能够持续发展的。

（1）第一个战略——企业平台化

作为巨型企业海尔来说，已经聚集了足够的资源。这些资源是海尔独有的，海尔可以随心所欲地调配。这放在以前，是巨大的优势。但是互联网时代，资源的优势已经逐渐淡化了。人们已经不再固执于占有某些资源，只要能够使用和分享，资源的所有权是谁的并不重要。资源就如房子一样，如果买不起就可以租，人们对拥有房子的所有权的欲望已经没有以前那么强烈了。海尔的资源也是一样，那么多的资源，如果自己不使用放着就是浪费，既然是浪费，那为什么不可以让渡出去让大家共享？海尔的企业平台化战略就是要让海尔的所有员工都能够共享和使用海尔的资源，这样资源就可以得到最大限度地利用，作为提供平台的海尔，只要扮演资源调度和分配的角色就可以很好地生存和发展了。

（2）第二个战略——员工创客化

这一战略是海尔的高明之举，随着市场和科技的充分发展，海尔的制造技术也不断更新换代，原来需要很多工人驻守的岗位，现在已经被机器人所替代，一线的工人很多都无法安排就业。而互联网时代的到来，让任何一家企业的管理方式和组织形式都发生了变化，原来自上而下的层级被打破，企业的组织呈现出扁平化、无中心的特征。海尔原来大批的中层管理者瞬间被架空，他们也被迫失去了工作岗位。那么这么多海尔员工失去了岗位，海尔怎么办呢？鼓励他们创业！

在海尔的创业平台上，很多创业者都是失业者，他们在海尔失去了工作，但是又在海尔的平台上找到了工作。这些失业者，有海尔多年的员工，有海尔的核心技术人才，海尔用创业平台留住了这些人才，也在一定意义上减少了自己的损失。海尔为创客们提供平台和资源，创客们创造发明的技术又可以为海尔所用，再加上创客们本身是创业者，在市场的竞争中，他们的创新就会更加超前，这无形当中就能让海尔一直站在潮流的最前沿。这样一举多得的好事，海尔自然要牢牢掌控在自己的手中。

（3）第三个战略——用户个性化

其实，海尔的前两个战略是始终基于用户个性化这个战略的。用户是连接平台和员工的纽带，海尔所有的努力都是为了满足用户的需求，而创客们的创业，也是为了实现用户需求的个性化。海尔的产品能够这么多年一直占据巨大的市场，就是因为海尔在用户体验方面一直做得非常好。互联网时代，用户的个性化需求不断凸显，海尔过去的量产模式已经不足以满足用户的个性化需求，那么海尔只有通过创客们的个性化产品研发来满足用户，使得海尔继续占据自己的市场。

海尔的这三大战略，相融共生，相互促进。企业平台化，使企业组织可以不断适应互联网时代的用户需求，达到自我演进的目的；员工创客化，能够创造出大批以用户为核心、自驱动的创业者；而用户个性化，为自演进、自优化、自驱动奠定了基础，没有真正的用户个性化，不会有平台成果，更不会有创业成果。海尔提供平台支持员工创业的思维，看似是在为自己制造危机，实则是浴火重生。

2. 海尔搭建平台的深度思考

（1）商业模式确实非常重要，企业一定要找准属于自己的商业模式

海尔很聪明，选择了搭建平台的模式，它提供平台，剩下的事情创业者

会去做。换个思路，如果海尔没有想到建平台的模式呢？海尔为了迎接互联网时代的市场竞争，自己搞创新，自己利用自己的资源去满足用户，结果会如何呢？可想而知，如今的企业组织已经发生了变化，海尔面对巨大的企业，怎么可能有效地调配和鼓励员工创新呢？没有创业利益的诱惑，又有多少员工愿意像自己创业那样推动技术革新呢？有的企业虽然也想到了平台模式，但是企业在搭建平台的同时却自己充当了裁判员和运动员的双重身份，产品好不好是企业说了算而不是市场和用户说了算，这样的商业模式，必定会走进死胡同。

（2）善于分享和共赢，改变自我组织架构

互联网时代，企业的组织架构趋于扁平化，企业再也不是组织的中心，一个项目，一个用户，几个员工都有可能成为组织的中心，有时候多个中心是共存的。企业再也不能想着凡事都参与，要敢于将资源和权利让渡出去，让更适合、更有能力的人去做。市场和用户是一切创新的源泉，只要让市场充分竞争，创新一定能够做得更好。

（3）用户为中心

对任何企业来说，用户都是上帝，只不过过去因为产品生产的匮乏，用户与企业的地位不对等，企业牵制着用户。但是如今市场不一样了，用户变成了真正的上帝，用户的需求就是企业的生命线。企业的任何行为，都要始终围绕着用户的需求来进行。用户的需求变得越来越个性化、多样化，企业的生产和研发也要紧紧跟上，只有抓住了用户，企业的发展才更有动力！

总之，海尔的平台战略给很多企业提出了太多思考。企业的未来要怎么发展，企业的模式和战略要如何选择、制定，企业如何才能更充分地参与市场竞争，这诸多的问题，都需要企业的管理者运用新的思维模式去解决！

企业的扁平化组织管理和平台模式

在传统的企业管理中，企业的管理者喜欢并习惯使用的管理方式是金字塔式的层级管理模式。这种管理模式有自身的优势，但是随着企业的发展壮大，随着信息通信技术的发展，自上而下的管理方式已经无法适应现代企业发展的需求。为什么会出现这样的情况？

首先，企业的组织规模越来越大，导致自上而下的层级管理方式失灵。我们上面提到的海尔集团就是一个例子，海尔的规模越来越大，上层与最基层的沟通会显得越来越困难，信息通过层层的传递，已经大部分或者完全失真。

其次，企业中层越来越多，不但给企业增加了管理成本，还容易滋生官僚主义。通信技术越来越完善，上层与基层的沟通完全可以实现实时沟通。这样一来，企业的中层就显得有些多余。

最后，市场瞬息万变，企业要抓住机遇就需要提高决策速度。企业的基层是最懂客户和市场的，他们如果拥有一定的参与决策权，就能大大提升企业的决策效率，帮助企业抓住机遇。

所以说，随着市场和时代形势的变化，企业需要一种新型的管理模式来应对市场。这个时候，以项目为中心、直接对客户和公司目标负责的扁平化组织管理模式随之诞生了。扁平化组织以专业分工和项目为基础，参与市场的每一个人根据其专业分工，都有可能成为组织的管理者。

1. 扁平化组织模式的优势

优势之一，能够让企业以工作流程为中心，而不是以部门职能为中心来构建企业的组织。这样专业技术人才的优势就能充分发挥出来。

优势之二，可以简化企业的纵向管理层次，削减企业的中层管理者。削减企业的中层管理者，是每个人都不愿意的，但是中层层级的烦琐已经严重制约了企业发展的效率。海尔在大量削减了中层管理者后，这些原来公司的核心人才虽然失业，但在海尔的平台战略模式下，又再次创业，再次成为海尔的“员工”，这对企业和个人都是双赢的结局。

优势之三，企业放权，能够鼓励基层员工提升服务，真正地以客户为中心。扁平化组织中，基层员工获得了一定的决策权，他们就更有动力去改善服务，快速响应客户需求，从而赢得客户青睐。如海底捞火锅的服务员拥有为客户免单等权利，他们就能更好地满足客户的每一个需求，从而在整体上提升企业的服务效率和质量。

优势之四，就是扁平化组织以目标为驱动力，公司团队是基本的工作单位，任何一个员工都能在自己的专业领域内决策，并为之负责。企业员工再也不是“打工仔”，而是真正的企业主人。

企业的组织管理方式发生变化，自然就要求企业的商业模式随之改变。原来与金字塔式的管理方式相匹配的模式，在扁平化组织中未必就能行得通。扁平化组织以客户为中心，以团队为行动单位，机动和灵活性更强，企业就应当提供更加开放、自由的平台，让团队充分发挥自己的优势。所以，像海尔一样的平台模式是值得企业思考和选择的。

2. 企业管理者如何具备平台模式思维

什么是平台模式呢？平台模式指的是企业在发展过程中能够提供核心价值，并使内部与外部，外部与外部之间的互联成为可能的某种形式。比如淘宝是一个平台，千百万的小商家可以在上面做生意；海尔也是一个平台，众多创业者可以在这个平台上创业。平台模式能够连接消费者和商家，并在这种连接中创造价值。为什么说企业的扁平化组织可以选择平台模式呢，因为扁平化组织在管理模式和资源分配方面与平台模式有着很深的契合度。

平台模式的精髓是可以打造一个完善的，具有巨大成长潜能的生态圈。在这个生态圈中，企业的资源可以共享，组织形式打破以往金字塔式结构，员工可以自由发挥自己的专业才能，客户的需求能够得以实时回应，平台上某个资源出现增长趋势的时候，就会带动整个平台的完善和升级……

那么，企业的管理者该如何以平台模式的思维来面对市场，创造企业价值呢？

（1）必须以共享共建的思维来面对平台化竞争

在互联网时代，很多企业之间的联系和依赖程度都加强了。专业化分工让诸多的企业只是专注于某一个领域，要想完成整个商业过程，互相之间的合作和共享就是必不可少的。商家如果缺少和快捷支付机构、银行等的合作，就会步步受阻。万达广场要是不联合众多的商家一起入驻，万达模式也就没有办法做起来。

（2）抱有开放的心态

开放性是平台的重要特征，在平台上的任何资源都要以开放的心态让平台的参与者使用。只要处在一个平台上，大家的命运都是连在一起的，某个参与者实现了发展，平台上的其他参与者都会跟着发展，反之亦然。所以面对平台模式，企业的管理者一定要抱有开放心态。

（3）平台一定要注重个性化与人性化

任何一个商业平台，客户都是链接平台上所有商家的中心，客户的需求可能需要多个商家配合实现，这就需要平台模式的制定者具备人性化和个性化思维，否则平台中若干商家的机械合作只会给平台带来负面的影响。

随着互联网的进一步深入发展，企业的各种架构和模式都在悄悄地发生着改变。面对组织架构的变化，企业的管理者不应该有太多的惊慌，只要善于调整发展思路，让企业找到适合自身的发展模式，企业就一定可以坐上“电梯”，实现跨越式发展。

赢利模式：专业化经营，多样化赢利

对任何一家商业性企业来说，其经营发展的最终目标都是赢利。那么，企业该如何寻求自己的赢利模式，是企业的管理者需要着重考虑的问题。既然管理者已经给企业做好了定位，也寻找到了企业发展的商业模式，那么制定一个好的赢利模式就可以让企业实现快速发展。

这几年，不管是中国移动还是中国联通，都在搞一种活动，叫做充话费送手机的活动。刚开始，中国移动和中国联通与客户达成协议，一次存入几百元话费，他们可以免费给客户提供一部手机使用，并且这部手机只能选择一个运营商，中国移动送的手机就只能用中国移动的网络。这种活动让客户感到非常划算，所以很多客户都选择了这种模式。

但是，时间长了，很多客户发现运营商送的手机质量并不高，约定使用两年的手机其实根本用不了两年。随着智能手机的迅速崛起，尤其是高端手机的崛起，中国联通寻找到了一个新的模式，即预存话费送苹果手机。假如一部苹果手机值5000元，那么客户只要预存5000元话费就可以获赠一部苹果手机。对客户来说，苹果手机是大家都想要的，预存话费最终还是自己消费，看起来非常划算。

那么中国联通等运营公司，它们作为通讯运营公司，它们的主业并不是生产手机，它们搞这样的活动靠什么赢利呢？其实答案很简单，它们通过与苹果公司协商先拿到苹果手机，再通过客户预存话费获得大笔预存资金。这些预存资金除了支付苹果手机的成本（这个成本肯定低于市场价很多），剩余的资金，拿来做金融或其他事，以此赢利。它们自身的主业——通讯，并不占赢利的主要成分。客户预存的大笔资金，通过一系列的金融操作，早产生了巨大的经济效益。

那么，中国联通等通讯运营商，既然在通信方面的赢利不是主要的，是否可以放弃呢？显然不可能。没有了通讯运营，它们就跟手机零售商没有区别了。所以，主业的经营是中国联通等公司赢利的一个基础，而多样化赢利才是它们发展的最佳道路。

在以往，企业管理者都有这样的一个思维定式，认为自己从事的是什么行业，做的是什么产品，那就一定要靠这个产品来赢利。如果从事的主业不能赢利，那企业就做不下去了。但事实真是这样吗？其实不然。

过去“卖什么就要靠什么赢利”的赢利模式确实没错，但是随着市场的快速发展，某些行业面临的竞争压力加剧，其产品的赢利空间被严重压缩。企业如果只是靠这种赢利微薄的产品来生存，那压力可想而知。但是，如果换个思路呢？如果是卖什么就不靠什么赢利呢？是否可以行得通？

对于很多产品来说，在消费者手中都不是单独存在和使用的。比如饮水机，消费者购买了饮水机，接下来就会考虑用什么样的桶装水；比如剃须刀，男性消费者购买了剃须刀之后，接下来会考虑用什么样的刀片，如果刀片用得钝了，要换什么样的刀片等。在上面的这两种情况中，饮水机和剃须刀都是耐用品，消费者购买一次后可能很长一段时间内都不会再次购买。但是桶装水和刀片就不一样了，它们属于消耗品，某段时间内就肯定会更换一次。企业的管理者是否可以从中看出端倪呢？确实，不论是中国联通，还是饮水机企业，剃须刀企业，它们都是专业化经营，多样化赢利模式的绝佳案例。

我们前面谈到商业模式的时候，提到一种商业模式为“饵与钩”模式。这种模式放在专业化经营，多样化赢利的赢利模式里面来讲，“饵”其实就是企业从事的主业，是必不可少的，没有这个“饵”，企业的赢利就无从谈起。

而“钩”就是相关产业链中能够赢利的“副业”。

专业化经营，多样化赢利的模式，对很多企业来说，是非常好的一种赢利模式。并且这种模式早已经被很多企业成功地应用在多个行业。这种模式应用在企业中，企业一定要把握住两个关键。

1. 一定要有一个足以吸引大量客户的主业，并且这个主业有很高的客户黏性，企业在这个主业领域内专业性很强

很多企业的管理者觉得，这么简单的一个赢利模式，谁都会用。但是如果真正去实践这个赢利模式的时候，很多企业都是失败的。为什么呢？因为这个企业并没有一个足以粘连足够多的客户的主业。有的企业生产的产品很杂，但是并没有一个核心的产品。也就是说这个企业并没有专业化经营。不能专业化经营，就导致企业没有办法聚集足够多的客户。如上面提到的，如果一家剃须刀企业生产的剃须刀并没有什么优势，消费者就不会去选择这样的剃须刀。没有消费者选择剃须刀，那刀片怎么能够卖得出去？所以说，专业化经营是基础，只要基础做好了，即使这个主业不能赢利，甚至亏损，企业都能够从“副业”的多样化赢利中获得很好的收益。

2. 多样化赢利的产品一定要跟专业化经营的产品有很强的相关性，并且是消耗品

在专业化经营，多样化赢利模式中，专业化产品一般都是耐用品，消费者购买的频率并不高，并且市场上的同类产品也非常多。比如饮水机，市场上各种各样的饮水机五花八门，消费者的选择很多。但是消费者怎么选择，桶装水是消费者必须要选择的，并且桶装水几乎是几天就要换一次。市场上很多饮水机厂家便抓住了这个机会，免费给消费者赠送饮水机，条件是购买他们的桶装水。

企业只有抓住了这两个关键点，专心做好自己的专业强项，然后搭配其他产品赢利，这样企业的发展才会更加良性快速。当然，企业可以根据自身的特色，设计更加复杂的专业化经营，多样化赢利的模式，只要掌握了这一模式的核心点，就能够设计出复杂的、适合企业的赢利模式。

另外，如果对专业化经营，多样化赢利模式进行深化设计，它就会演变

为我们上面提到的平台模式。企业依靠自身的专业化优势，提供专业化的资源共享，就可以吸引更多的相关产业链企业来参与合作，企业在专业化领域之外，还可以有多种赢利渠道。所以，作为企业的管理者，要灵活思考，转变思维，合理搭配使用多种模式。

免费模式，让“羊毛出在猪马牛身上”

很多管理者来到电子商务领域，会被互联网中铺天盖地的“免费”弄得无所适从。很多人不明白，做生意当然是“一分钱一分货”，什么东西都“免费”了，还怎么做生意？

经济学家周其仁说：“互联网思维下，很多服务是免费的，它其实不是为了免费而免费，其真实目的也是为了培植需求，跨过一个临界点，就可以赚钱了。”可这钱究竟怎么赚呢？我们不妨从互联网企业那里取取经。

在互联网时代，互联网公司的主要赢利模式就是广告、游戏、电商，无论是什么企业几乎都离不开这三大块：百度通过搜索引擎做广告，腾讯通过QQ（一种即时聊天工具）的庞大用户基数做游戏，而阿里巴巴则干脆就是电商的龙头……而在这其中，奇虎360公司的赢利模式却让人感到疑惑。

奇虎360的第一款产品是360安全卫士，其能够为用户提供各种便捷的帮助，包括垃圾清理、软件管家、漏洞修复等，然而，正是这样一款软件，其操作界面上却没有任何广告，360在开始的几年间也一直没有涉足过游戏、电商等领域。那我们就不懂了，免费不做广告、游戏、电商的360究竟是如何赚钱的呢？

2008年7月，360甚至高调发布了永久免费的360杀毒软件，顿时在国内杀毒软件市场掀起大浪，甚至遭到多家互联网企业的联合反对。然而，我们现在能看到的是，国内的杀毒软件几乎都为用户提供免费服务，国内杀毒软件行业的赢利模式瞬间被颠覆。

2014年11月，在乌镇的首届世界互联网大会上，奇虎360董事长兼CEO（首席执行官）周鸿祎在接受采访时说道：“QQ通过免费积累了大量的用户，淘宝最早开店也是免费的，而当时的竞争对手 eBay（亿贝）收开店费，因此淘宝汇聚了大量卖家，有了卖家也就有了买家，最终击败了 eBay。”

没错，免费才是电子商务乃至互联网时代最实用的赢利模式。腾讯当初做免费的 QQ 可能考虑的很简单，作为一款“仿制”的社交软件，只有免费才能帮助 QQ 迅速打开市场，直到拥有了足够的用户基数，腾讯才豁然发现，依靠这样庞大的用户基数，腾讯无论是做广告还是游戏，都可以轻而易举的成功。马云当初让店家免费来淘宝开店同样也是如此，免费开店是没错的，然而，那么多的店家，你想把你的店铺排在前面，交点增值服务费总是应当的吧？

如今，阿里巴巴与腾讯能够成为国内乃至世界互联网企业中的巨头，无疑离不开这种免费模式。其实，免费并不是不赚钱地做“福利”，而是通过免费的基础服务积累用户与品牌影响力，转而通过增值服务实现收益，这是互联网时代对赢利模式的创新。

免费模式其实就是大家所说的“羊毛出在猪马牛身上”，互联网时代的赢利模式不再是传统的“一手交货一手交钱”，而是从“猪马牛”身上拔下“羊毛”。过去“羊毛出在羊身上”，但现在，企业为用户提供免费的服务，“羊身上不出羊毛了”，那总得寻找新的业务创造收入吧。

互联网可以随时随地地实现用户、企业、资源的连接，管理者可以通过将产业链做深、做长，来让“羊毛出在猪马牛身上”，而关键则在于管理者是否有免费模式的思维，如图 2－4 所示：

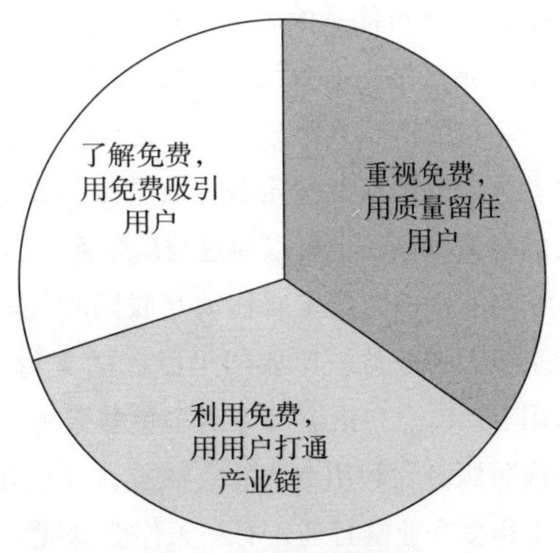

图 2－4 免费模式思维

1. 了解免费，用免费吸引用户

最吸引用户的手段并不是提升产品技术含量或提高服务质量，当然，技术和质量是长期占有市场所不可缺少的，但最为吸引用户的从来都是免费。试问，即使你的产品或服务技术含量再高、质量再好，用户都不试用的话，谁知道呢？而免费则能够最大程度的吸引用户，只有吸引到用户才有机会将他们留住。

周鸿祎当初正是基于这个考虑，才决定做免费的电脑安全产品，毕竟，电脑安全产品的技术含量涉及太多专业知识，你跟用户说，他也听不懂。那就简单点，直接给用户永久免费的，在大多数杀毒软件仍然需要付费使用时，360 自然可以脱颖而出，在短时间内吸引到大量的用户。

2. 重视免费，用质量留住用户

管理者必须明白，吸引到用户只是第一步，真正留住用户，让其沉淀下来，成为自身用户基数的一分子，仍然需要不断提高产品和服务质量。很多管理者看到互联网随处可见的“免费”后，就干脆提供给用户一些不值钱的免费服务，也不注重产品升级和维护，对于“不能给自己挣钱”的产品不重视。

然而，免费模式之所以能够让“羊毛出在猪马牛身上”，是因为企业依靠免费的产品或服务积累下了大量的用户基础，而只有当企业拥有一定量的用户基础时，管理者才有资本去“在猪马牛身上拔羊毛”。这一点很容易理解，但很多管理者往往会有意或无意的忽视。

3. 利用免费，用用户打通产业链

采取免费模式的最终目的仍然在于获取赢利，我们管理者毕竟不是在做“慈善”，不可能真的做无回报的投入。那么，管理者如何将免费模式打造为一个“猪马牛”心甘情愿贡献出“羊毛”的赢利模式呢？

免费的产品或服务本身可能赚不到钱，但利用免费模式积累下的庞大用户基数，以及长期优质服务所带来的良好形象、口碑，企业既可以开发出自有的增值服务，也可以通过与广告商、游戏商等合作获取收益。

当互联网时代走向移动互联网时代时，这样的免费产品或服务将为企业带来极大的效益。比如阿里巴巴的支付宝，其不仅为用户提供免费的转账、信用卡还款、生活缴费等诸多免费服务，甚至为用户提供余额宝这样的“倒贴钱”服务。利用免费的余额宝，一旦让用户形成使用习惯，阿里巴巴就能够把很多产业链打通，有一天你会发现：无论是在互联网平台上还是在线下，你都可以通过支付宝消费。到那一天，且不谈阿里巴巴能够通过这项服务从合作商那里收取多少手续费，光是支付宝、余额宝中长期存在的不可想象的现金流，就能让阿里巴巴在金融领域赚的盆满钵满。

如今，众多互联网企业已经发现了这一颠覆性的赢利模式，所能带来的难以想象的利润。甚至于马化腾已经准备放弃旗下的电子商务平台，转而以免费模式将自身所拥有的巨大流量变现：2013 年 6 月，微信为一部分公众账号开通在线支付功能，随后，微信支付正式上线；2014 年 3 月，腾讯与京东达成战略合作，腾讯以 2.14 亿美元入股京东 15% 的股份，而京东将 100% 收购腾讯旗下的 QQ 网购和拍拍网；2014 年 5 月，微信为京东开启一级入口："购物"；马化腾的下一步则是将微信购物与微信朋友圈打通，以"社交 + 电商"的免费模式，让"羊毛出在猪马牛身上"。

第三章
客户真的当上“老大”了——营销新思维

今天，随着市场的发展不断完善，媒体宣传工具的不断变化，数据技术的大幅度提升，客户和企业在市场中的地位也不断发生变化。物质的极大丰富、信息获取的方便快捷，让客户真正成为市场中的“老大”。客户需求已经成为主导市场发展的主要因素，传统的企业营销已经无以为继。那企业面对这种局面，该以什么样的营销思维来应对，当下流行的营销方式又该怎么操作？

传单和硬性广告快要死亡了，用什么方式做营销

传单和硬性广告（简称硬广）快要死亡了，这个道理其实很多企业的管理者都懂。随着互联网的进一步发展，消息传递更加廉价和方便，传单的形式是应该退出历史的舞台了。况且，消费者变得越来越理性，人们的消费需求也更加追求情感性与体验性，以往的硬性广告，太过生硬和死板，对客户的需求定位也不精准，所以消费者对硬性广告的免疫力也越来越强。

在以往，不管是户外广告，还是电视台的广告，尤其是中央电视台的广告，即使耗资巨大，但最终都能够给企业带来非常好的转化率。以往硬性广告带来的收益是远远超过广告费本身的。但是这几年这一情况已经发生了逆转，硬性广告的转化率持续走低。甚至硬性广告的转化率降低到了可怜的7%。所以2014年之前非常钟爱硬广的企业——海尔集团宣布停止杂志等硬广宣传，不但如此，海尔还停掉了报纸和电视硬广。这样的消息，对硬广行业来说，可谓是雪上加霜。而对于那些还在继续投放硬广的传统行业来说，海尔的这一举动也对他们提出了警示。

我们可以看到，以往靠着硬广生存和发展的很多行业都已经露出了败象。据统计，拥有《周末画报》《优家画报》等纸媒的现代快播，在2013年利润下滑了70%。这些优质纸媒在以往可是传统大牌集中投放广告的重要渠道。更严重的是，像《新闻晚报》等都开始停刊。

如果说企业的管理者没有认识到硬广和传单的萎缩，那从硬广的主要媒介渠道的败象，我们可以清楚地看到，未来的硬广行不通了。

硬广行不通，那企业的营销该怎么做？是单纯做网络营销？还是紧跟移动互联网的发展，抢占移动营销？硬广是不是真的一点儿都不能做了？

当然，网络营销早不是什么新鲜事了。早在十年前，网络营销就已经开展得如火如荼。不过，即使是这样，很多企业的管理者依旧没有转换过营销思维来，总觉得网络营销深似海，不敢轻易深入尝试。就在一些企业正在犹豫着如何做网络营销的时候，移动互联网又到来了，营销的主流又很快转移

到了移动客户端。传统的网络营销，难道真的过时了？

其实不然，企业的管理者要选择什么样的营销方式不重要，重要的是这种营销方式是不是适合企业自身的发展，是不是能够促进企业产品的销售。而要想选择到合适的方式，就得明白我们企业所处的市场到底发生了什么变化。

企业面对的市场和消费者，早已经发生了巨大的变化（如图 3－1 所示）。

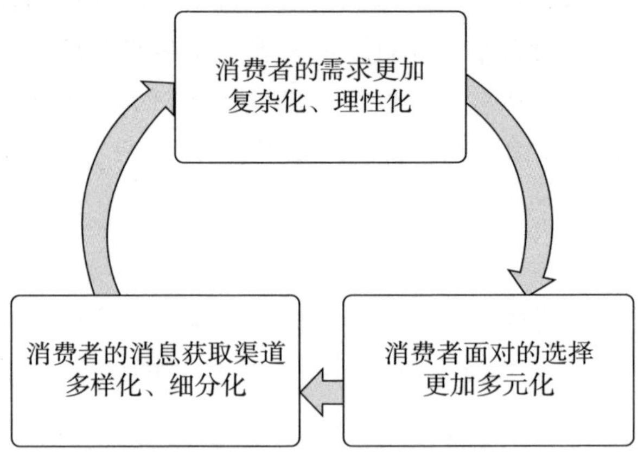

图 3－1 市场和消费者的变化

1. 消费者的需求更加复杂化、理性化

他们早已不再因受到电视、杂志的广告影响而去购物，他们更相信的是自己朋友的评价和推荐。

2. 消费者面对的选择更加多元化

消费者要买衣服，他可以选择去淘宝买，也可以选择去某些细分的衣服专卖网站去买，甚至可以在微信的微店铺买。传统的硬广在消费者的购物过程中已经没有了任何影响力。

3. 消费者的消息获取渠道多样化、细分化

过去消费者获取消息的时候，只能通过电视、报纸、杂志等媒体，后来有了互联网，消费者可以通过电脑获取知识。但是今天，人人都有一部手机，只要手机是开着的，消费者可以随时随地地获取任何消息。想吃饭可以上大

众点评，想聊天可以用微信，想看八卦可以在微博上搜索，想看新闻可以看一些新闻客户端，等等。

消费者已经成长为市场真正的“老大”，一切的市场需求都是消费者说了算。硬广和传单那种企业单向传播信息的营销模式，已经无法给消费者提供方便、快捷、愉悦的体验了。所以，企业的管理者首先应该改变的，就是传统的单向灌输的营销思维，换之以客户为中心的多元化营销思维。

当然，很多人都在热炒移动营销思维，新媒体营销思维等，这些营销思维的核心，还是要归结到用户。不管选择什么样的营销方式，企业管理者一定要保持清醒的营销思维，绝不可以人云亦云。只要紧盯用户，选择恰当的营销方式，就可以赢得更多的消费者。

比如，我们提到纸媒的硬广已经快发展不下去了，但在新媒体环境下，很多企业又开发出新媒体的硬广营销思路，借助新媒体的威力，其硬广营销效果还是非常不错的。例如很多文艺青年比较熟悉的网站——豆瓣网，就曾经做过一系列的新媒体硬广推广。由于其新媒体硬广延续了一贯的温情，所以即使是硬广，最终的营销效果也非常不错。

对于豆瓣网来说，它一直比较主动关注用户的体验，不管是什么样的产品，都时刻把握用户的心理喜好。在广大的用户中，豆瓣网一直是文艺青年的聚集地，所有的用户不管是不是文艺青年，起码在他们的内心都怀着一颗文艺的心。所以豆瓣在和用户做交流的时候，时刻以文艺的语言来面对用户。即使是广告，也带有浓厚的文艺青年小清新的风格。当用户面对这些广告的时候，几乎是自然而然地接受的，根本不会因为它是硬广而排斥。

而选择社群营销的小米，几乎不投放任何的硬广，它只是集中精力做SNS（社会性网络服务）社区，通过QQ、贴吧、小米社区等来吸引和培养大批的粉丝，而这些粉丝就构成了小米最初的消费群体。

所以说，硬广、网络营销、新媒体营销，都只是营销的手段和工具。并不是营销的目的。面对纷繁变化的市场和消费者，企业的管理者要紧抓用户，紧抓产品体验，而不是为了营销而营销。硬广和传单在纸媒中快要死亡了，网络营销也有可能在不久的将来被移动客户端取而代之，但不管怎么发展和变化，紧抓用户需求的营销新思维是一定要具备的。

营销进入新时代，跟不上很可怕

进入经济下行期，相信很多企业的管理者都出现了莫名的焦虑。因为随着经济增长速度的放缓，人口红利的消失，很多过去比较粗放型的传统企业开始面临严峻的压力。尤其是在产品的营销方面，随着营销模式的升级，很多传统企业因为没有形成完备的营销模式，在面对新的市场时，往往显得手足无措。

对于传统的营销团队来说，过去的方式和思维已经严重跟不上营销市场的变化。传统营销团队的成本大幅上升，但是效率却不断下降；对于电话营销来说，客户早已经产生了厌烦心理，效果堪忧；对于大众媒介营销来说，入不敷出，已经没有坚持的价值；而对于 PC 端的互联网营销来说，也是一片红海。百度竞价排名不断高涨，但是成交转化率却不断下跌。甚至连万能的淘宝，其流量费用也已经让中小商家不堪重负。

在这样的营销环境中，互联网的技术在一天天地进步着，移动互联网席卷了整个市场，传统的营销方式被一个个淘汰，新型的营销方式开始占据市场主流，那些没有营销新思维的企业，不得不面临市场的残酷淘汰。

营销进入新的时代，企业管理者应该具有哪些思维？如图 3－2 所示。

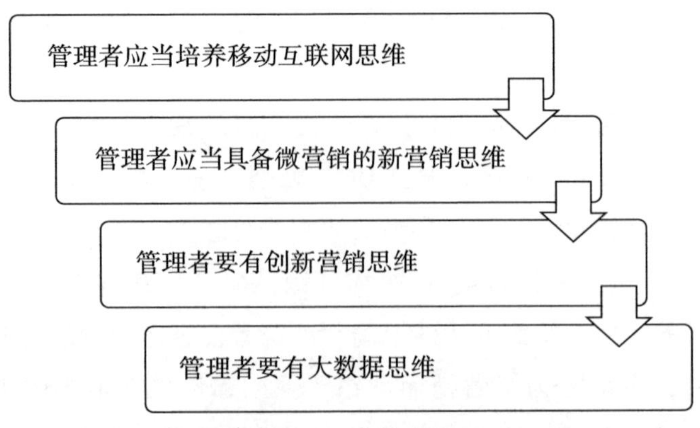

图 3－2　营销新时代，管理者应该具有的思维

1. 移动互联网逐渐成为市场的主流，移动端逐步抢占了 PC 端的市场。企业的管理者应当培养移动互联网思维

以往，由于网络技术的局限性，消费者在使用互联网的时候，往往都要借助 PC 端。所以 PC 端的市场营销一度是市场的生力军。但是随着智能手机和 3G、4G 技术的不断完善，移动端也能够随心所欲地介入互联网，消费者的目光开始投向更为方便、好用的移动端。据权威数据统计，今年中国手机用户数量将达到 13 亿，其中智能手机的用户量在 5 亿左右，在所有使用手机的人中，使用 3G 网络的用户有 4. 64 亿人（占比 36. 94%），所有使用手机上网的用户数量为 8. 57 亿人，占总数量的 68. 24%。如此巨大的市场，直接决定了企业营销的方式必须紧抓移动互联网。移动互联网已经成为主要的流量入口，如果失去了这个流量入口，那企业的营销基本上就无立足之地了。

2. 微博、微信等社交工具的崛起，开启了营销的新时代。管理者应当具备微营销的新营销思维

以往的网络营销阵地，大都集中在像百度搜索等网站，集中在一些资源下载网站，集中在新闻门户网站……这样的营销只是单向的营销，要么是企业花费大量的精力和资金寻找客户；要么是客户花费大量的精力寻找企业。企业和客户像是在捉迷藏，互相找不着，需求匹配非常失败。但是新营销时代，微博、微信等网络社交工具崛起，大量的客户都集中在社交软件中。并且，有相同爱好和需求的客户往往都会聚集在一起，这使得企业更容易找到客户。而且，因为社交工具拉近了客户与企业的距离，企业也能更容易地把握客户的需求。微博上有什么大事，在很快的时间内，整个互联网都知道了。如果企业搞一次成功的事件营销，那其效果是可想而知的。微博、微信的具体营销思维，将在下面具体阐述。

3. 新型的营销方式和模式层出不穷，管理者要有创新营销思维

数字技术的飞速发展，让营销的方式也变得五花八门。以往提到营销，除了传统的营销模式外，大家能想到的大概也就是常见的几种网络营销方式。但是在新媒体来袭的今天，数字杂志、数字广播、数字电视、数字电影、视频、移动电视等，都成为营销的新阵地。地铁、车站等人流密集的地方，移动电视播放的广告产生的营销效果是传统的营销不能比肩的。当然，数字只是形式和工具，真正能够让营销发挥作用的，还是企业打动和影响消费者的内容。

4. 大数据时代的精准营销，让企业直接面对消费者，管理者要有大数据思维

不管怎么说，以往的营销方式即使是转化率再高，也不能做到精准打击每一个目标。很多客户的需求往往都是隐藏的，企业根本发现不了。加上信息不对称，企业在营销方面浪费了精力，却得不到收益。随着数据技术的发展，这些问题统统都被解决了。企业凭借着对用户数据的全面把握和准确分析，就能给不同的客户提供他们需要的商品信息。甚至，某个时间段内，客户需要什么，企业就能精准地预料到，并及时推送营销信息。这样做的结果是，企业避免了营销方面的成本浪费，而客户也不再受到商家的频繁骚扰，适时、适当的消息推送反而让客户备感温馨和人性化。

营销，是任何时代、任何商家都必须面对的问题。除了营销工具和模式的不断更新，企业的管理者更应当着眼于不断升级自己的营销思维，让企业的营销模式和工具跟上时代的发展。其实，不管采取何种营销模式，营销的核心永远都不会变，那就是客户的需求。如果客户没有需求，那再好的营销也失去了意义。在营销升级的今天，客户的需求更加注重感情满足，更加注重娱乐化，企业的营销绝对不能沿袭过去一板一眼的思维，也不能因为自己曾经是大品牌就高高在上。那样的时代已经成为过去，现在，客户才是“老大”！

客户才是老大，需求和体验说了算

客户是企业营销的核心，客户体验就是企业产品生产和营销的基础。不能抓住客户的需求和体验，企业的产品就会失去价值。我们在上面早已经提到，客户已经逐步成长为市场中的“老大”了，过去一直宣传的“客户就是上帝”的理念终于得以实现。那么，面对这种市场地位的“倒置”，企业应该以什么样的思维方式来做营销呢？

之所以说企业和消费者的市场地位“倒置”，是因为在很长的一段时间内，企业相比较于消费者，总是占有着优势地位。企业生产什么样的产品，消费者就只能去购买什么样的产品。对于消费者来说，因为选择余地比较小，往往不得不屈服于企业。在这种不对等的关系中，企业也逐渐形成了一种自我优越感，往往不注重消费者的需求和体验，对消费者也是爱答不理。

但是，如今几乎所有的市场都已经出现了产品饱和，摆在消费者面前的选择多了，而摆在企业面前的竞争压力却大了。消费者的需求开始占据市场的主导地位，企业的生产退居后位。面对这样一种地位的变化，很多企业转变得非常快，但也有很多企业因为思维惯性，迟迟没有发生改变。比如一些传统的生产企业，在生产产品的时候不关注市场需求，不关注客户诉求，不关心消费者体验。这样导致的结果是，虽然产品生产出来了，但是根本销售不出去，消费者根本不买账。

那企业该怎么办呢？

1. 当然是准确定位并牢抓客户需求，以客户的需求为企业产品的发展方向

既然企业和消费者的市场地位已经发生了改变，企业就应当赶紧转变思路，开始研究客户的需求。比如家用电器，以前消费者关注的重点是产品能用多长时间，如果坏了怎么办之类的问题。但是现在消费者关注的重点是，该产品的功能怎么样，操作是不是人性化，使用起来是不是非常方便等。这些需求的变化，就要求企业产品的设计重心也要相应地发生变化。

问题是，很多企业的管理者因为思维方式没有真正发生转变，在他们的眼中，满足客户需求就是给客户最好的东西。但因为没有准确定位客户的需求，他们自认为最好的东西，在客户看来却一文不值。

有这样一个故事：

某剃须刀生产企业在一个大型商场开设了专柜，专卖剃须刀。专柜开设了一段时候后，该企业发现，这个专柜的剃须刀销量远远不如其他销售点的销量。这是什么原因呢？

如果说人流量少的话，这里可是商场，人流量比该企业其他销售点的人流量大多了。既然不存在顾客流量的问题，那剃须刀为什么卖不出去呢？论质量，该企业的剃须刀质量也是非常不错的，并且小有名气，消费者购买后口碑非常不错。那是什么原因导致商场里面的专柜销量不如其他销售点呢？

经过一番调查后，该企业发现，原来他们忽视了商场的特殊性。剃须刀是男士专用品，一般的购买者都是男士。而对于男士来说，在购买剃须刀的时候，很少有人会跑到专柜去买，都是在超市里面就随手购买了。那么，难道剃须刀不能在商场专柜买？

其实不然。该企业的调查者发现，每天来专柜看剃须刀的客户也很多，并且大多都是女性顾客。原来这些女性顾客都是来为自己的丈夫或者是男友购买剃须刀的。她们之所以只看不买，就是因为专柜里面的剃须刀设计外形完全不符合女性消费者的特点。虽然是给自己的丈夫或者男友买，但自己看着别扭，怎么会买呢？

该企业的管理者看到这个调查结果后，果断地做出了一个决定，专门为商场设计一批剃须刀。而剃须刀在功能不变的情况下，外形设计添加进一些女性喜欢的元素。这样设计后，特制的剃须刀再次进入商场，那些前来为自己的丈夫或者是男友挑选剃须刀作为礼品的女性客户，一眼就喜欢上了这些剃须刀。她们迅速买下自己喜欢的剃须刀，该剃须刀的销量也有了很大的增长。

很明显，在这个故事里，虽然剃须刀是男士用品，但购买者是女性消费者。女性消费者的喜好决定了她们会不会购买这样的商品。可能会有人怀疑，剃须刀的最终使用者是男士，如果其外形设计添加了女性元素，男性消费者怎么会喜欢？很多人正是有这样的思维定式，所以在思考问题的时候往往会陷入误区。

女性消费者购买了剃须刀，是送给自己的丈夫或者男友做礼品的。男性收到这份礼品时，有的可能会保存起来，更多人可能会用。但是用剃须刀的时候，大多数人是在自己的家里使用的，带不带女性元素对剃须刀的使用没有任何的影响。况且，男性消费者一般都只关心剃须刀好不好用，外形什么样，几乎不怎么在乎。

该企业的独到之处，就是精准定位了客户的需求。他们敏锐地发现，他们在商场专柜的产品，面对的消费者不是男性，而是女性。女性消费者是最终的购买者，所以产品只要在保持基本功能的情况下，符合女性消费者的需求就好了。

2. 让客户有极致的产品或服务体验，客户才会为产品埋单

对于企业来说，准确定位客户需求还不够，要想让客户满意，还要在客户体验上下功夫。需求抓住了，企业只是发现了市场方向，但如何才能用极致的体验去满足客户的需求，这就需要企业在产品的设计和营销方面努力。

那客户体验的核心是什么呢？是情感满足。客户面对企业的营销，面对企业的产品，首先想到的是我喜欢不喜欢这件东西，其次才会想到这东西对我有什么用处。海底捞火锅并不是最好的火锅，但是它却是客户体验最好的商家；小米手机质量不是最好的，但它却拥有大批量的粉丝和追随者。只有给用户最佳的体验，让客户的情感需求在产品或者服务当中得以满足。企业才能跟得上市场发展的步伐。

所以企业在做营销的时候，就应当紧紧抓住需求和体验这两个关键。让客户在满足中成为企业忠实的粉丝，也让企业获得更多客户。

微营销，秘密都在客户手里

微营销，这是网络时代新兴起的一种企业营销模式。之所以称之为微营销，是因为这种营销方式它借助的平台和工具相比过去呈现出“微”的趋势。而且，“微”并不是单指形式上的微小，更指企业对客户关怀的无微不至，指企业对客户需求挖掘的精准。

随着微博、微信的火热，微营销也如日中天，一步步侵占营销市场，成为企业青睐和重用的营销手段。微博、微信等社交工具，并不存空间的限制，当用户注册并使用这些工具后，他们就会与周围熟悉或者陌生的朋友形成一种网络化的联系，每个客户都可能是自己所在社交网络的中心。借助这些工具，用户能够随心所欲地订阅自己需要的信息，可以发表自己的观点，可以向好友推荐自己认为值得使用的商品等。

也正是这样，商家可以通过提供用户所需要的信息，在无形当中营销自己的产品。这样的营销是点对点的，是非常精准的营销。除了提供有效的营销信息外，企业还能够与用户直接实时交流，更能增加用户的信任感和依赖感。对企业来说，这种类型的营销也不需要太多的营销成本，可谓性价比极高。如果说把微营销跟传统的营销相比，微营销的优势体现在：它主张“虚拟”与“现实”的互动；它可以通过营销建立起涉及研发、产品、市场、品牌传播、客户关系等的营销链条。在这个链条上，企业可以根据需求整合各种资源，通过创新的营销方式，把不同的用户聚合起来，实现以小博大、以轻博重的神奇效果。

既然微营销这么厉害，那么企业在面对这种营销方式的变革时，该以什么样的思维方式来思考呢？面对微营销的神奇效果，企业的管理者又该如何下手，带领企业进入新的营销时代呢？

毋庸置疑的是，面对微营销的汹涌来袭，企业的管理者一定要培养起微营销的营销思维。不但要理解微营销的形式，更要深刻理解微营销的核心。

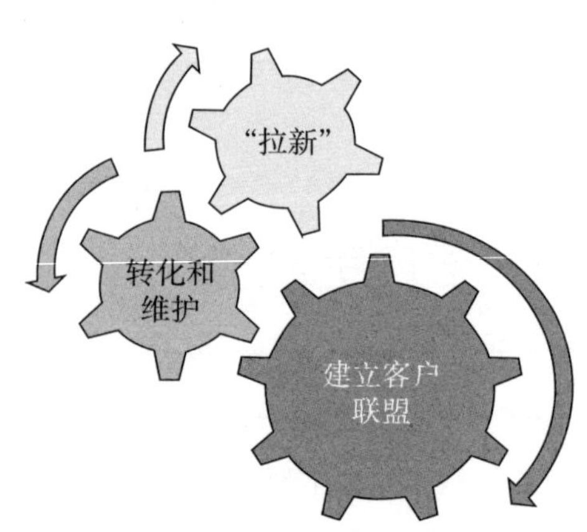

图 3－3　以新思维抓好客户关系

我们可以发现，不管是微博、微信、微信公众平台、微网站，还是微电影、微视频，它们都是建立在人与人社交的基础之上的。这种人与人之间的社交关系，体现在企业的营销策略中，就表现为客户关系。企业参与到这种社交关系中，目的就是为了挖掘客户关系，赢得用户，实现营销。所以微营销的核心就是客户关系的管理。

那么，如何以新思维抓好客户关系呢？如图 3－3 所示：

1. 抓客户关系的第一步——培养新客户，也叫作“拉新”

既然企业已经处于社交关系中，那客户与企业之间通过不同的社交网络，就能够联系在一起。客户不会无缘无故地被企业所吸引，所以企业的微营销手段就很重要。创意营销在这个环节中就变得非常重要。比如，我们熟知的“马文事件”“黄海波被抓事件”等，都是通过微博大肆传播的。很多企业就是借助这个机会，想出各种各样的营销创意，把这些事件跟自己企业的产品联系起来，从而吸引大量的用户前来关注。如果企业运营得当，通过一次事件，企业的微博粉丝就会呈几何级增长，这样企业的新客户就算是培养起来了。

通过各种新奇或者另类的营销手段拉新用户的方式很多，除了微博中的创意营销，还可以通过微电影、微视频等形成病毒式的营销。网络上每年都会有年度流行语排行榜，很多流行语都是从一些病毒式的营销视频中传播出来的。例如，网络剧《万万没想到》中的台词“没过多久就会升职加薪，担任总经理，迎娶白富美，走上人生巅峰，想想还有点小激动”，就是因为搞笑诙谐并迎合了社会中奋斗青年的心理而走红，最终成为人人熟悉的网络段子。如果企业能够做到这种地步，让某些视频或者段子呈病毒式传播，企业粉丝的增加那是必然之中的事情。

2. 抓客户关系的第二步——转化和维护老客户

企业花费成本吸引了大批的新客户关注，这并不是企业的最终目的。企业的最终目的是让客户形成购买，将新客户转化为老客户。一些单纯的营销手段只能在短时期内吸引客户的眼球，让客户关注企业。但是如果企业不能针对客户的需求进行有效的转化，那即使是已经吸引过来的客户也会转身走开。

所以转化客户很重要，如何转化新客户呢？首先是新客户归类，面对大批增加的新客户，如果不对客户分类，那未来的营销也就没有针对性，甚至可能导致新客户的厌恶，产生反作用。其次是激活潜在的客户，通过“拉新”吸引过来的客户肯定有一部分是直接的潜在消费者，只需要企业运用营销策略激活他们的需求，他们就会很快转化为企业的老客户。最后是筛选那些已经尝试过的客户。当下很多企业都会推出试用活动，从而聚集大批的新客户。这些新客户在试用过企业的产品后，会表现出不一样的反应。企业只有通过这些不同的反应筛选最好的客户，最终得到的才是优质客户。

上面只是转化新客户的一些思维，在新客户变为老客户后，企业更要珍惜老客户，要善于维护老客户。微博、微信正是维护老客户的良好手段。企业若不时地以熟人的身份关心和关怀老客户，那老客户就会很快转化为企业的忠实客户。这对企业来说，是善莫大焉的事情。

3. 抓客户关系的第三步——将客户变伙伴，与客户建立联盟

通过上面的步骤，企业已经将新的客户发展为企业的忠实客户了，那企业就应当更进一步，把这些忠实客户当做企业的宝贵资源，再深入挖掘，与客户结盟，变客户为伙伴。每个企业的客户中，都会有那么一些大客户或者是超级大客户，他们本身就拥有优质和稀缺资源。如果利用这些大客户在社交网络中的影响力对企业进行营销，那营销的精准度和效果将非常惊人。当然，如果与客户结盟，企业与客户之间应该是互利共赢的关系，可以通过交换彼此的资源来达到资源的优化配置，从而将客户价值发挥到最大。

以上都是说通过微营销的一些工具来进行客户关系的管理。微营销是一种新的营销思维，企业进行微营销的时候，理解了微营销的核心，就可以灵活选择适合自己的营销方式和工具。不过，就在当前来说，做微营销也要把握好一个重要的入口，那就是客户手中的智能手机。

智能手机的重要性，我们在前面已经说得太多。而我们提到的微信、微博、微电影、微视频等微营销的阵地，现在统统都转移到了手机里。对很多人来说，获取的各种信息、资讯，大都是从智能手机的软件中来。在智能手机的应用市场上，五花八门的应用层出不穷，而手机成了它们最重要的入口和出口，移动互联网更是让智能手机如虎添翼。

面对这样一个营销入口，企业在做微营销的时候，一定要抓住重点。只有抓住了这个重要的营销阵地，微营销才能做得风生水起。

新媒体与社群的崛起

在新鲜事物层出不穷的今天，营销领域也出现了新的营销动态，那就是新媒体营销。我们都知道，媒体是具备价值的信息载体。通过媒体营销，是企业在过去吸引消费群体的主要手段。那么新媒体又是怎么回事？它是如何影响企业的营销趋势的呢？

新媒体，顾名思义，是因为科学技术进步而产生的新的媒体形态。相比较于报刊、户外、广播、电视等传统意义上的媒体，新媒体表现为强烈的数字化趋势。比如数字报刊、数字电视、数字广播、智能手机、触屏电脑等。这些新的媒体形态逐步取代了传统的媒体，开始对消费者产生更大的影响。

当你进入理发店理发的时候，你会发现理发店的座位前安装了一款数字电视，在数字电视里播放着各种各样的视频和广告。当理发师给你理发的时候，因为无聊，你会选择去看镜子旁边的数字电视里到底在放什么样的视频。这些数字电视会播放很多的广告视频，它让你消磨时间，打发无聊的时候不知不觉受到广告的影响，从而成为商家的潜在客户。

当你在地铁站、火车站等车的时候，地铁站和火车站里无处不在的移动数字电视里除了播放的一些广告和通知外，大都是一些比较有趣的广告视频。为了打发等车的无聊时光，你会选择看一看这些广告视频。有的广告中直接贴出二维码，你会拿起自己的手机扫描这些二维码，从而进入商家的网页浏览和获取资讯……

以上所说的这些都是比较常见的新媒体形态，只要是人流量比较大的地方，数字新媒体出现得都比较多。这是为什么呢？因为现代人们的生活节奏很快，除了工作之外，人们休闲和娱乐的时间一般都比较碎片化，就是在这碎片化的时间里，人们才会关注一些工作之外的东西。新媒体正是在这个趋势中发展壮大的。短小的视频，无处不在的数字电视，随处能找到的商品二维码等，都可以让消费者在碎片化的时间里充分利用自己的时间，既实现娱乐休闲的目的，又能够关注、购买自己需要和喜欢的产品。

对企业来说，新媒体的这一特性是值得企业的管理者思考的。新媒体形式已经逆转了传统媒体，企业即使是投放广告，也应该要有新媒体思维，在潜在客户出现多的地方，在客户关注度高的地方努力营销，这比广撒网的传统媒体有效得多！

新媒体除了迎合消费者碎片化的时间需求外，它在满足消费者社交、互动性表达、传播性诉求方面也有着明显的优势。新形势下的消费者对企业有了更高的要求，他们希望他们的渴望和诉求能够得到企业有效的回馈；他们希望能与企业形成有效的互动；他们希望消费不仅仅是为了满足物质需求，更能够在精神上得到满足。甚至，消费者要求能够参与到企业产品的生产过程当中，这样最终的产品会明显地带上消费者自己的个性特征。

新媒体也正是在消费者这些需求的呼唤中崛起的。而企业为了满足消费者的这些需求，也开始逐步组建社群，供消费者参与和反馈，社群便逐步壮大，成为新媒体营销中的一支重要力量。比如很多企业会将产品的设计、生产过程录制成视频，放在视频网站上共消费者观看，消费者在观看的同时，就能在视频下方留言，与其他网友或者是与企业进行良好的互动。

再比如，很多企业都在百度贴吧创建了自己的社群，在这个社群了，吧友可以自由地讨论所有与该企业产品相关的问题，积极地向企业献言献策。而企业受到社群里客户的灵感激发而生产出畅销产品的例子也是数不胜数。国内知名的手机生产商小米手机就是社群做得最好的企业之一。他们利用各种新媒体渠道吸引粉丝，然后创建粉丝社群，参与粉丝讨论，让粉丝参与产品设计的诸多过程等。社群中的用户们不仅有了参与感，还满足了自己个性化的消费需求。

当然，社群的崛起也与社会化媒体是紧密相连的，自媒体的出现，让社群的发展趋势更加明显。每个消费者的需求都会有一个对应的社群出现，而这个社群中，企业是最积极的参与者。面对这样的局面，企业的管理者还能无动于衷么？不参与新媒体形势下的社群，企业的营销将会举步维艰。

除了上述特性，如果从消费者的角度来看新媒体，消费者选择新媒体的主动性和目的性将越来越强。这就导致新媒体市场的细分也会越来越精细。当然，企业自不必说，面对越来越细分的市场，唯有越来越精准的营销才能跟上时代。

消费者以前接受营销广告和资讯的时候，很多都是被动的，一番广告轰炸之后，消费者的厌恶心理就产生了。如今媒体技术发展了，消费者可以自由选择想要的资讯和信息。如果想买电子类产品，消费者首先会想到打开手机的京东客户端搜索；要想买食品，可以在中粮的我买网购买；化妆品会在专门的化妆品网站购买……消费者获得了绝对的主动性，他们关注并参与这些企业营销阵地的目的性也很强，就是冲着满足需求去的。

总之，不管怎么说，新媒体与社群的崛起，给企业的管理者带来了新的营销思路。企业不仅仅要善于迎合消费者的需求，比如碎片化的娱乐需求，比如娱乐和休闲的心理需求等，还要懂得营建更加精细化的营销阵地、组建精准的营销社群。况且，企业只要经过筛选和转化客户，就能够培养起一大批的忠实客户，这些忠实客户就是企业组建社群的基础。新媒体下的社群营销要善于采取多样化的手段，找到与企业产品的结合点，绝对不可以生搬硬套。

最重要的是，要营建精细化的营销阵地、组建精准的营销社群，企业就需要以新兴的大数据思维去思考和布局。因为只有大数据才能帮助企业挖掘出每一个精准客户，只有大数据才能帮助企业发现客户的每一个需求以及潜在需求。在大数据时代，一切的营销，都可以嫁接在大数据之上，有了大数据的支持，营销将会变得轻松容易！

DT（数据处理技术）时代，营销必须要用数据说话

有这样一个非常有趣的故事：

美国曾经有一位父亲因为偶然翻阅自己女儿的电子邮件，发现在女儿的邮箱里有亚马逊网上购物商城推送的一封邮件。这封邮件让这位父亲勃然大怒，他立马将亚马逊网上购物商城告上了法庭，而法庭也判定亚马逊网上购物商城要给这位父亲的女儿以赔偿。

到底什么样的一封邮件让这位父亲如此生气并将亚马逊网上购物商城告上了法庭呢？原来，这位父亲在女儿的邮箱里看到有亚马逊网上购物商城推送的一封关于婴孕产品的邮件。最关键的问题是，他的女儿才17岁。这位父亲觉得亚马逊网上购物商城的推送严重地影响了自己的女儿，所以将亚马逊网上购物商城告上了法庭。

事情还没有结束。后来，这位父亲询问了自己的女儿，在女儿的交代下，原来女儿真的不小心意外怀孕了。为什么会出现这样的情况呢？

连父亲都不知道女儿发生了什么样的状况，那亚马逊网上购物商城又是凭借什么知道了用户的潜在需求呢？就是因为大数据。

虽然这个故事未知真假，但是它背后的逻辑值得企业和消费者深思。在互联网时代，消费者的隐私已经不再是秘密了，只要参与互联网，消费者的个人信息就有可能面临被泄露的风险。而且，因为数据技术的不断成熟，消费者在互联网上的一举一动都会被记录下来。即使是消费者的个人信息没有泄露，但是消费者的兴趣爱好、购物偏好、潜在需求等都会被互联网记录和分析。所以从这个角度来看，亚马逊商城能够比女孩的父亲还提前知道女孩怀孕的信息就不足为奇了。

马云曾经在一次演讲中说：人类正从IT（信息科技和产业）时代走向DT（Data technology，数据处理技术）时代。IT是指信息技术，而DT是数据处理技术的缩写。马云指出，IT时代是以自我控制、自我管理为主，而DT时代，它是以服务大众、激发生产力为主的技术。这两者之间看起来似乎是一种技术的差异，但实际上是思想观念层面的差异。

也就是说，进入DT时代，所有的互联网数据都有可能被加工和分析，企业从而依据数据更好地为大众服务，激发出强大的生产力。比如说亚马逊网上商城，会员在他们的网站购买东西后，自然会留下用户的各种数据。亚马逊网上商城利用大数据技术，对用户的数据进行分析，就能得到用户的其他信息，比如兴趣爱好，比如家庭条件等。在会员下一次购物的时候，亚马逊网上商城就会很智能地向用户推荐一些商品，而这些商品正好是客户想要的。有的用户在使用亚马逊网上商城购物一段时间后，就会对亚马逊网上商城产生依赖，因为它就像是一个知心朋友一样，随时随地地给客户提供一些建议，推送一些客户正需要的商品。

互联网时代，客户讲求的是购物体验，需要的是无微不至的服务关怀。企业一个正中客户下怀的推送服务，可能就会赢得客户的信赖，从此成为该企业的忠实客户。而我们前面讲到的微营销、新媒体营销等营销模式，都需要利用大数据技术去支持。什么时候把合适的内容推送给合适的客户，这需要客户的包括搜索关键词、浏览、点击、关注、下单、地址等一系列的数据来分析。当企业获取到了这些数据的时候，就可以通过云计算和大数据技术分析出客户的年龄、家庭、是否有房、是否有车、平时喜欢什么样的品牌等。

分析出这些数据后，企业可以根据不同的数据进行推送。比如对于有孩子的家庭，如果能够分析出孩子的年龄，则可以适时地推送一些儿童用品等。

可以说，在大数据时代，整个世界都被连接成一个巨大的网络。每个用户和企业都是这个网络中的一个节点。在未来的市场中，用户已经不存在什么隐私了，因为数据就能告诉我们一切。企业在这样的环境中，如何利用数据进行营销呢？

数据思维是必不可少的，不要觉得数据只是一堆没有感情的数字，数据是活的，就看企业怎么应用。过去，企业会对自己的用户做一些数据统计，会在客户生日的时候送去祝福或者礼物。这些都是最初级的利用数据来赢得客户信赖的手段。加上以前数据技术并不发达，即使企业掌握了大量的数据，也没有办法对数据进行深入的分析。所以在很多企业管理者的眼中，客户数据虽然重要，但是并不能给企业带来太多的价值。有了这样的思维，企业就对收集和整理客户数据失去了动力。有的企业发展了几十年，却并没有掌握太有价值的用户数据。这就是没有数据思维导致的。

如今，云计算和大数据技术已经发展到了一个很高级的阶段。只要掌握用户的一手数据，就能够让数据产生生产力，让数据自动为企业实现营销。就像马云说的，未来的时代是DT（数据处理技术）时代，企业如果不能尽快地培养起大数据思维，用数据的方式去思考问题，未来的营销将非常吃力。

有了数据思维还远远不够，还要懂得将数据转化为实实在在的行动。未来的营销是精准营销的时代，粗放式的营销将无立足之地。即使是企业分析了数据，得到了有用的客户信息，如果不能积极地将数据分析的结果付诸行动，那也是枉然。很多企业都会说，用户的数据我们都有，我们也在根据用户的数据进行分析和营销。但是这些企业都没有注意到，他们分析和处理数据的方式还是老一套，根本没有将云计算和大数据的精髓运用于其中。像亚马逊网上商城和京东购物商城，它们都是在用户数据的基础上，通过各种各样的数据技术进行建模，然后在此基础上，深入挖掘客户需求，激活客户的潜在需求。大数据技术不是简单的数据分析，需要企业花费大的精力去实实在在地研究和实践。

就比如说，有用户因为看了一些盗墓笔记小说，对小说中的一些丧葬器物很好奇，所以在某知名网站搜索过。令该用户没有想到的是，接下来的一个多月，这个用户只要打开网站，就会看到网站的丧葬用品推荐，什么棺材之类的东西，这让用户不堪其扰。这样的用户体验，怎么能够赢得用户的信赖呢?

这也是企业对大数据技术利用不够得当，没有领会大数据技术的精髓，只是简单粗暴地进行了用户数据的匹配，自然就导致这样的笑话。

大数据时代里的大数据思维，不是企业一朝一夕就能够实现的。既然营销的局面发生了变化，新型和新兴的营销方式层出不穷，那么企业就应该从根本上转变思维，积极接受新的营销思维。而大数据是这一切营销的基础，没有数据的支撑，什么样的新兴营销方式都是空谈。企业的管理者，要不惧困难，积极投身营销思维的转型，让大数据思维和新的营销思维指导企业的行为。这样，企业在未来的发展过程当中，才有可能抓住每一次机会，走在市场的前列。

第四章
个性化才是人类的共同需求——产品新思维

随着市场经济不断深化，人们对产品的需求也发生了极大改变。物质需求已经不再是消费者第一位的需求，个性化的心理满足逐渐成为决定企业产品发展方向的重要因素。小众的产品，为发烧而生的产品，高科技智能化的产品等，无一不是企业在新产品思维的影响下创造出来的。企业要牢牢把握人类的个性化需求，让产品不仅满足消费者的物质需求，更要满足心理需求。

好产品都是为发烧而生的

在小米手机日渐红火的今天，“发烧”一词也跟着红火起来。小米手机在刚刚诞生的时候，其研发者就给小米手机定位为“为发烧而生”。什么叫做“为发烧而生”呢？按照小米创始人雷军的解释，就是年轻人需要一种热爱，这种热爱是一种文化，而小米正创造并引领了这种文化。

其实，小米的“发烧”定位来源于“发烧友”这个词。“发烧友”是指某些行业或某些活动与物品的爱好者，在正常的情况下，发烧友就是指共同爱好者，指那些志同道合的人。在发烧友的眼中，只有对某些行业或某些活动的爱好和熟悉程度达到一定程度，一个人才会被认同为发烧友。这些发烧友因为对某些事物有疯狂的爱好，所以他们往往是最了解该事物的人，并不断推动该事物往前发展。甚至，还会直接参与其中，成为某种事物的生产者和创造者。

面对“发烧友”的这一需求，市场上自然出现了诸多迎合“发烧友”的产品，小米手机就是其中之一。在小米手机发展之初，其 MIUI 系统只开发了中文简体、中文繁体、英文三个版本。小米的发烧友看着不过瘾，立马补充上传了 25 种语言，大大丰富了 MIUI 的系统语言；原生 MIUI 的适配机型只有 36 款，小米的发烧友自发合作改进，让 MIUI 的适配机型多达 143 款……这些小米粉丝的“发烧”行为正印证了雷军的解释，年轻人需要一种热爱（如图 4－1 所示）。

一旦用户对某款产品热爱，这款产品就再也不是一个人在战斗，大批的发烧友，也就是我们常说的粉丝就会因为热爱和兴趣自发地参与到产品的完善与研发过程当中。不管是提改进建议，还是自己主动研发，粉丝们都乐在其中。而产品也因此获得了无比旺盛的生命力。

对企业来说，如果产品都能够像小米手机一样，拥有那么多的粉丝，能够让粉丝自发自觉地帮助企业的产品不断完善和改进，那企业的产品就成功了一半。每个企业的产品经理都知道，世上从来不存在一款完美到无可挑剔

图 4-1 小米

的产品，只存在能够不断改进和优化的好产品。那什么样的产品才是好产品呢?

我们从小米的身上或许能够看出一点，好的产品一定是有个性的产品。虽然说整个市场上的安卓系统的智能手机看上去都差不多，但小米却以高的硬件配置和亲民的价格赢得了用户的喜欢。重要的是，小米的 MIUI 改进和完善，用户是直接参与其中的。在普通用户的概念中，手机属于高科技产品，很多人对手机硬件之类的东西根本不懂。因为不懂，所以很多人非常好奇。小米针对用户的这一需求，不断以图片、视频的形式来给用户讲解相关内容，这样用户对小米的兴趣更加浓厚了。

我们可以看出，产品个性化的背后，其实是对用户情感需求的满足。不管是满足用户的好奇心，还是满足用户的归属感、荣誉感、成就感等，只要让消费者参与其中，产品就有了属于自己的个性。这种个性在很大程度上是消费者自己赋予产品的。所以企业在研发产品的时候，一定要有让用户参与的思维。产品不再是由企业高高在上地生产出来卖给消费者就结束了，消费者有跟企业互动对话的需求，有跟产品对话的需求，这些需求如果企业能够满足，那产品的个性也就更加明显了。

提到情感满足思维，这在女性产品设计的过程中尤为重要。对于女性来说，她们是天生的情感动物，在购买产品的过程中，她们内心是否喜欢在很大程度上决定了她们的行为。看到一款车，如果外形讨她们喜欢，不管这车的功能怎么样，只要条件满足，她们就能立马买回家。看到一条产品广告，只要广告中的某个元素，比如色彩，比如音乐，只要打动了她们，不管需要不需要，她们必定会关注和购买。

但令人遗憾的是，在企业的产品设计方面，很多企业虽然在表面上讨论满足女性的情感需求，但往往并不能很好地去理解男性思维和女性思维的差距。大多数产品的设计都只是从男性思维出发，设计出的产品只能是想象中女性会喜欢，实际投放到市场上时，根本无人问津。

好的产品为发烧而生，除了具备个性化、情感满足等元素，在产品的功能设计上，企业绝对不能“发烧”过度。有些企业管理者的思维缜密、逻辑性极强，所以他们在设计产品的时候，往往陷入个人主义的思维定式。即把自己当作是消费者去想象产品的功能和操作，最终的结局是产品只有逻辑性极强的专业人士才能使用，一般用户根本不会操作，或者说是操作使用极为烦琐。

产品的“发烧思维”是要让产品得到消费者的参与，而不是让消费者无法参与。市场上这样的产品比比皆是，有的产品甚至需要在消费者购买后，对消费者进行专门的使用操作培训，消费者才会使用。这样的产品可能会赢得部分用户的喜欢，但如果产品走的是大众路线，那这样的产品思维无疑是失败的。

所以，产品要发烧，也要人性化，要让产品的操作和使用简单化。简单化是人性中天生的需求，产品只有不断迎合用户简单化的需求，才能彰显出产品本身的人性化发展趋势。这也可以看做是产品设计的“懒汉思维”，再发烧的用户也不愿意每次使用产品，都把其他不必要的功能使用一遍，也不愿意通过种种操作才达成一个简单的目的。

当今的市场竞争越来越激烈化，产品的设计也需要不断突破常规，在创新的路上赢得更多的消费者。信息大爆炸让消费者的审美和关注出现了疲劳，一款非常常规的产品已经不足以吸引消费者的目光。加上产品的硬件门槛已经非常低，任何一家企业都可以生产出同类型同功能的产品，企业靠什么与别人竞争，靠什么脱颖而出？答案当然是靠产品的创新与个性化。管理者如果没有这样的思维，他必将失去大半个市场！

越“小众”，档次就越高

相信很多人都有这样的感受，大众性的畅销品，往往价格都比较低；而那些比较“小众”的商品，价格却往往高得出奇，并且即使价格这么高，消费者也并不一定就能买到。为什么会出现这样的情况呢？现在的市场不是已经出现了生产过剩的状况了么？为什么还会出现供不应求的局面？

其实，这并不是因为生产不足导致的，而是产品的定位决定的。任何一款产品，在生产之前，企业都要对产品未来的市场和消费者做定位，只有准确的定位才能更顺利地将产品卖给消费者。而在定位的过程中，有的产品定位大众市场，有的产品定位“小众”市场。这种定位的不同，直接导致了产品在未来销售过程中的价格和销量，也决定了产品在市场中的档次。

矿泉水是与我们的生活密不可分的一种产品。市场上生产矿泉水的企业特别多，各种档次的矿泉水也数不胜数。但是我们发现，同样是500mL的一瓶水，不同品牌的产品价格差距特别大。超市里的一瓶矿泉水可以卖一元钱，但是酒店里其他品牌的水就可能卖几十元钱。并且这种卖得很贵的水在市场上一般见不到。为什么？因为这些“小众”品牌的水它们走的是高端产品的路线，定位高端，主要面向的是高端消费者。如果抛开产品本身的价值不谈，小众高端水其实是在某种程度上迎合消费者的消费心理。

人们消费的个性化趋势越来越明显，每个人在消费的时候都希望自己消费的产品是独一无二的，希望产品能够彰显自己的品位和身份。所以很多小众产品正好提供了这些内容，让消费者在消费产品时，附带满足心理需求。

在这个世界上，任何时候市场上都是物以稀为贵，稀缺性的产品往往能够给消费者带来心理上的优越感，从而获得比一般产品更高的利润空间。作为企业的管理者，在面对企业产品开发的时候，一定要善于在产品的稀缺性上做文章。产品思维并不是说只关注产品本身，而是要多关注产品附带的隐形价值。

当然，并不是说市场上的消费者都是因为获得优越感才去消费小众的产品，小众的产品也并不全是因为制造稀缺性而提升了档次和赢利空间。因为种种因素，每个人的消费需求是千差万别的，有些人群可能会因为某些因素构成一个小众的消费群，他们也是小众市场的主力军。企业要善于满足小众市场的特殊需求（如图4－2所示）。

比如在服装市场上，就有一个比较小众的市场，那就是大号服装消费群。一些消费者因为身体比较丰满，在大众市场上往往难以挑到合适自己的服装。但是服装这是生活必需品，挑不到服装并不是就不消费。所以一些企业单独面向这些人群生产大号服装，不管是大码的鞋还是大号的衣服，都能够最大限度地满足消费者。对于消费者来说，这样的小众市场给了他们便利；对于企业来说，虽然这个市场相比大众市场来说比较小，但是如果能够深耕，赢利空间还是非常可观的。

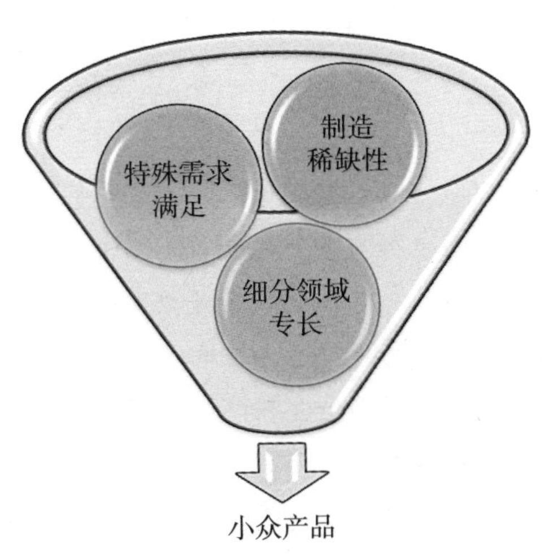

图4－2 小众市场的特殊需求

上面提到的这个小众市场是因为消费者的一些不可抗拒因素形成的。还有一些市场，纯粹就是因为不同的消费品位造就的。比如欧洲贵族们喜欢的那些奢侈品品牌，比如市场上的豪华跑车等，都是因为消费者自身的消费品位独特于大众市场，所以形成了这样的高端小众市场。很多百年企业，其实就是靠着小众市场慢慢延续下来的，其不但做出了品牌，更是将产品的档次提升到了其他产品无法企及的地步。

企业在产品设计的时候，一定要根据自身的产品准确定位，如果能够在小众市场上赢得足够的市场，就不要担心小众市场太小。纵观现有的诸多小众市场，正是因为小众，所以他们的赢利空间比大众市场要高得多。

另外，随着市场的逐步细分，每一个细分领域都会精准地对应某个消费群体的需求。加上消费者需求的不断个性化，在细分领域又出现了更加小众的细分，这也要求企业要具备小众产品的思维，能够不断满足消费者，在更加细分的领域发挥自己的专长。

国内有一个名为“艺点儿”的电商平台，其定位于线上消费型艺术品交易和社交化分享平台。我们都知道，艺术品本身就是一个极其小众的产品，消费人群少，而且还存在艺术品信息与潜在消费者严重不对称的毛病。这个“艺点儿”上线后，就把众多新锐艺术家的作品放在平台上销售，一下子打破了艺术品行业信息不对称的格局，在艺术品交易这个小众市场中占据了一席之地。据媒体报道，“艺点儿”在上线短短10个月内，其累计注册艺术家超过2000人，线上艺术品成交量达到上万件，累计销售额超过400万元。

“艺点儿”正是抓住了小众消费者对小众艺术品的需求，在这样一个看似非常不值得做的细分领域做得风生水起。消费者获得了自己想要的艺术品，而“艺点儿”也因为提供了这样的一个信息和交易平台而占据了很大的市场。

在互联网时代里，大而全的公司和产品并不一定就能获得很好的发展机遇，那些小众的企业和产品反倒有可能生存得很好。有的企业管理者担心产品的切入点太小，面对的消费群体太窄，会导致企业发展很快就会遇到天花板。其实不然，小众市场固然面对的消费者有限，但是消费者的需求是无限的。尽管细分市场的切入点可能很小，只要企业善于深挖，或许就能够挖到“金矿”。

不过，不可否认，小众市场其实也是一个高风险的市场。如果企业的操作不当，就可能导致产品的关注度低，销量不畅，甚至产品很快消亡。但是随着市场竞争的激烈，后入的企业已经很难在市场上找到“窗口”，大众性的产品竞争激烈，企业生存堪忧。企业与其在一片红海中搏杀，还不如另辟蹊径，寻找属于自己的细分领域。小众产品思维只要运用得当，就可以牢牢掌控好一片足够企业生存发展的市场。企业只要敢于深挖市场，敢于将小众产品思维运用到极致，让消费者享受到极为个性化的产品，或许就可以像那些奢饰品品牌一样，突破原有的消费群体，成为高端产品的领军者。

用户也是产品的生产者

这几年，在市场上出现了一种产品设计的模式，在这种模式里，企业产品的设计任务不再由企业产品的设计部门来完成，而是在一些专门的大众网络上外包给个体完成。如果任务需要多人完成，则由大众网络征集多人完成。这种模式被称之为众包模式，而且在企业的各个领域都陆续出现了众包模式的身影。比如销售众包、生产众包等。

这种模式有什么好处呢？在美国，众包模式已经对有些行业产生了颠覆性影响，比如一个跨国公司耗费了几十亿美元，却始终无法解决自己的研发难题，当它将研发问题众包给个体时，一个外行人在短短的两周时间里，就圆满地完成了这个任务。比如曾经一张具有专业水准的图片可能需要出资几百元才能得到，通过众包模式，几元或者十几元钱就可以得到具有同样水准的图片。

我们提到众包模式，不是要探讨众包模式本身，而是以众包模式思考企业在产品的生产设计过程当中，应该以怎样的思维去理解产品和用户之间的关系。如今，产品的设计和生产再也不是过去只能由企业操刀的单向性的过程了，用户已经急不可耐地参与进来。随着互联网的深入发展，用户与企业之间的距离越来越近，具有不同专业才能的用户在使用产品的同时，他们更愿意参与到产品的生产过程当中，从而获得更具特色，使用起来更加舒适的产品。况且，随着用户的参与，企业产品的成本会有很大程度的下降，上面提到的例子就是最好的证明。

用户与产品之间的关系（如图4－3所示），从来都是纠缠不清的。用户也是产品的生产者，最明显的表现就是用户的需求会在无形当中影响产品的销量，从而再影响到产品的设计和生产。一款手机好用不好用，能不能满足消费者的需求，在销量上完全能够看得到。销量好的手机必然是比较能够满足用户需求的，销量差的手机，说明它没有市场，没有市场的产品是根本存活不了的。

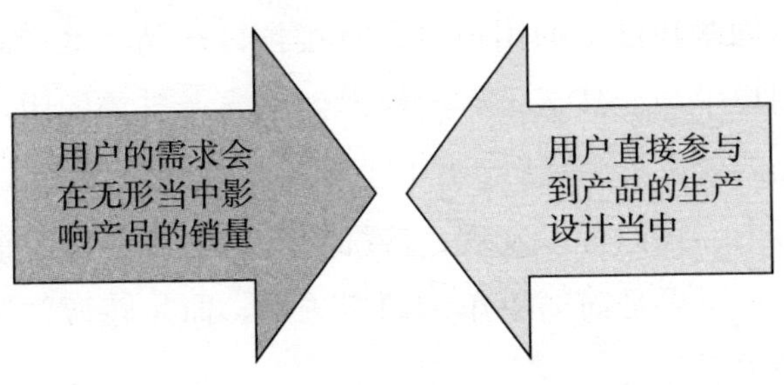

图4－3　用户与产品之间的关系

当然，并不是说单个或者少量用户的需求就能够影响到产品的生产。在传统的商业中，只有大量用户的需求趋向一致时，企业才会考虑根据用户的需求更改产品的设计，这种改变往往是被动的。现在，企业产品如果还是被动地接受改变，那企业的发展就已经走上了艰难的道路。消费者的需求越来越个性化、小众化，不能迎合消费者需求的产品都会很快遭到市场的淘汰。

用户也是产品的生产者表现之一，是用户的创意能够直接影响企业产品的生产设计，甚至是用户直接参与到产品的生产设计当中，自己成为创造者。我们在前面曾提到过小米手机，提到小米手机的 MIUI 系统由小米手机用户完善了语言兼容系统，用户甚至合作改进 MIUI，使其适配的机型从 36 款增加到了 143 款……用户的参与使得小米产品更具个性化，更适应消费者的需求。

在国外，有这样的一个公司，他们致力于为消费者提供更具个性化、更有创意的产品。经过市场调查后，这家公司发现市场上所有的产品，包括更新换代极快的日用消费品，都没有一款是完全符合消费者需求的。生产企业虽然也在不断地改变产品以满足消费者，但消费者的需求是无限的，厂商根本满足不了。

针对这种情况，这家公司为消费者提供了一个创意平台，在这个平台上，消费者可以根据自己的需求提出创意。创意可以是文字描述，也可以是图片设计。用户的创意提交之后，平台上的其他用户就会为这个创意投票。比如用户想设计一款适合冬天使用的个性拖鞋，他就会根据自己的需求提出创意。当这个创意在平台上的投票超过一定的数量后，这家公司就会让专业设计师对其进行评估。如果这个创意在技术上可行，具有一定的市场价值，那该公司就会让设计师根据创意设计出若干产品效果图供平台用户评选。

最终，用户评选出最佳的产品效果图后，该公司就会联系厂家进行生产。当初参与了产品创意和投票的用户可以直接预订产品，等产品生产出来后就可以直接送到用户手中。甚至，有的提出创意或者投票的用户本身就是产品生产者，当产品的效果图确定后，用户直接可以承接生产。

在这个环节中，我们可以发现，传统观念中的用户已经消失了，产品与用户之间的关系也不再是简简单单的消费关系，而是转变为复杂的既是生产者又是消费者的关系。

对用户来说，产品的创意是自己提出或者参与的。这个创意的形成过程自己是参与的，这样用户在心理上就有一种代入感和亲近感。最主要的是，用户之所以参与这个过程，是因为他对这个产品有需求，将来产品生产出来后自己是直接的消费者。

从产品的角度来说，这个产品再也不是大众市场上的一般消费品，它是具有个性化特征的产品。它可能不会满足每一个消费者的需求，但它是专为一小部分客户生产的，完全实现了按需生产。

再从企业的角度来看，企业不用为不能抓住用户的需求而迷茫了。随着产品更新换代速度的加快，企业为了满足用户的需求，往往应接不暇。现在用户直接参与到产品的设计过程当中，用户提出的需求就是实实在在的市场价值。企业可以在用户需求的引导下进行个性化生产。

其实，不管企业、产品、用户三者的关系怎样，用户永远是三者关系的核心。企业的管理者具备什么样的产品思维，就得看他怎么认识用户需求。个性化、创新性、人性化等产品特性，都是在用户需求的基础上诞生的。当用户的需求反作用于产品，或者用户直接参与产品设计和生产时，企业应该看到这种巨大变化的市场价值，而不应该惊慌失措。

产品的“懒汉”思维

说到“懒汉”，很多人的思维当中对这个词并没有好感。“懒汉”意味着一个人不勤快，好吃懒做，不懂得创造等。但是如果认真去关注一下世界上带着“懒汉”色彩的产品，你就会发现，其实“懒汉”思维才是世界上产品创新的不懈推动力。

在这个世界上，所有的产品都可以满足人的某种需求，而人的需求又是没有界限的。所以为了更好地满足人类的需求，各种各样的产品都被创造出来。洗衣机的发明让人类再也不用手洗衣服了，减少了人的劳累；手机的发明让人类的联络更加方便，人类再也不用为时间和空间的巨大限制而烦恼；汽车被发明出来，人类再也不用劳累奔波，从而解放了自己的双腿；为了减少麻烦，人类发明了一次性用品，如一次性筷子、一次性牙刷……

对比人类的古代与现在，各种各样的产品在被发明创造出来后，其在满足人类需求的同时，也让人类越来越“懒”。正是这种“懒”让人类的生活越来越便捷，越来越舒适。所以，对人类来说，“懒”并不是坏事。而对企业来说，有时候“懒汉”思维更能帮助企业产品赢得市场，创造奇迹。

从宏观层面来说，好的产品，一定是符合人的消费习惯和人性的东西，而人性当中，懒的因素天生具备。所以，企业的“懒汉”思维，就是指企业不断迎合人性需求，满足人类的消费欲望，提供更加便捷、舒适、好用的产品。企业的产品正是在“懒汉”思维的影响下，渐趋完美，成为消费者的最爱。作为企业的管理者，应该从哪些方面入手，合理培养产品的“懒汉”思维呢?

1. 努力追求产品的简单化“懒汉”思维

这里的简单化思维，并不是指减少产品的功能，让产品显得单调，而是指在不断增加产品功能的同时，还能让产品的操作和使用变得更加简单、便捷。手机是我们常用的通信产品，手机的诞生缩短了人们之间的空间和时间距离，使得人与人之间的沟通更加方便快捷。在手机诞生之初，只具备基本的语音通话功能，后来手机又慢慢地增加了短信功能、拍照功能、增加了上网功能等。手机发展到今天，智能手机已经几乎替代了传统意义上的手机，智能手机的功能相比于最原始的手机，可能已经增加了几百上千倍。但是从原始手机密密麻麻的物理按键到今天智能手机的单一 Home 键，手机的操作是越来越简单，越来越便捷。手机并没有因为功能的增加而增加物理按键。这就是最明显的简单化“懒汉”思维（如图 4 - 4 所示）。

人性中有懒的因素，所以人会不断追求方便与便捷，只有将产品的操作变得越来越简单，消费者的产品使用体验才会得到提升。自动化洗衣机、自动挡汽车等操作简单化的产品越来越受到大众的喜欢。有的企业在进行产品设计的时候，往往喜欢将产品的操作复杂化，尤其是一些人机交互的产品，如果功能操作过于复杂，消费者在无法操作后，会对产品产生厌恶的情绪。如此一来，产品的市场堪忧。

产品的简单化“懒汉”思维，其另一个含义是指产品的平实好用。有的产品并不是功能越多越好，消费者在追求丰富的产品功能的同时，又会对产

图 4－4 手机的"懒汉"思维

品具有太多的功能产生厌倦之感。比如人们穿的衣服，在衣服之上附加的功能越来越多就会失去衣服本身的价值。衣服本身就是用来遮体避寒的，即使人们为了追求美而设计出太多功能的衣服，衣服本来的价值并没有变。如今人们越来越喜欢一些简单设计的衣服，比如无印良品平实好用的衣服，只是简单地满足消费者的某种需求。它就是迎合了消费者简单化的追求。

总之，简单化包括产品设计的简约化、产品操作的简单化等。不管什么样的产品，只有简单完美的才是最打动消费者的。企业的管理者一定要注意培养自己这方面的产品设计思维。

2. 努力追求产品的人性化"懒汉"思维

人性化，指的是一种理念，在产品设计过程当中追求人性化，就是指在保持产品美观实用的基础上，能根据消费者的生活习惯、操作习惯等来设计产品，方便消费者，做到既满足消费者的物质需求，又满足消费者的心理需求。所以，这里所说的"懒汉"思维是从人性的角度来说的。

人性有一种被尊重的需求，当产品的功能设计体现出人性化，让消费者用得舒心时，消费者就会感受到被尊重，从而增强对产品的忠诚度。

比如我们常用的耳机，一般企业在生产耳机的时候，都会在两个耳机上分别标明"L"和"R"，用以区分左右。这就导致很多消费者在使用耳机的时候，养成了强迫症的习惯，他们每次戴上耳机的时候，都会确认一下耳机的左右，在确认耳机左右的这个过程中，就会给消费者造成一些麻烦。有的企业根据人性的特点，特意在左边耳机上增加了一个凸点。当消费者拿起耳机的时候，其实很快就用触觉确认了左右，根本不需要再去看一眼。这样的人性化细节也让这家企业的耳机比其他企业的耳机更受消费者的喜欢。

与上面耳机的人性化设计相反的是，那些反人性化的设计。比如飞利浦曾经有一款空气净化器就设计得非常反人性化。飞利浦的空气净化器在生产的时候，为其过滤网包上了厚厚的塑料包装。消费者买回来需要先拆开空气净化器，去掉这些塑料包装，才能让空气净化器起作用。很多消费者在购买回来后，并没有注意去看飞利浦空气净化器上的小字说明，而是直接通电使用。但是对于滤网没有去掉保护膜的空气净化器来说，即使通电也是白白浪费电，根本起不到空气净化的作用。很多消费者在得知这个消息后，都对飞利浦的这一反人性化设计感到反感。因为它并没有尊重人的“懒汉”天性，而是设计了复杂的拆装程序，反而让消费者产生了被欺骗的感觉。

一般来说，企业在产品设计过程当中，要想让产品更加人性化，就需要在产品的表达方式上遵从以下几个规则：

规则一：产品标示的颜色比文字更易于分辨；

规则二：图画比文字易于理解，也更符合消费者习惯；

规则三：简明的列表比大量的文字描述更易于消费者理解；

规则四：通俗的描述比专业术语更受消费者喜欢。

从上面提到的几个例子中我们能很清晰地看到这几个规则的运用。产品的人性化可能只是细节的调整，但正是这些细节给了消费者最佳的体验。苹果手机的圆角设计就是对人性化最好的阐释。企业的管理者一定不能忽视人性化因素在产品设计当中的应用。

3. 努力追求产品的智能化“懒汉”思维

智能化其实是消费者非常熟悉的一个概念，目前很多产品的设计都在不断追求智能化。随着人机交互技术的不断完善和发展，智能化只会越来越普遍。最常见的如智能家居、智能汽车、智能医院等，消费者在追求舒适、方便的过程中，对产品的智能化提出了各种各样的要求。智能产品也是这几年企业努力的方向。关于产品的智能化，内容太多，在这里就不一一赘述。但是企业管理者的产品思维中一定不能缺少了智能化的思维，因为它是未来所有产品都要努力的方向和目标。

不管怎么说，在企业的产品设计过程当中，不但要考虑产品本身的个性，更要始终以人为中心，从人的需求出发去思考产品设计。好的产品可以是小众的，可以是某个细节打动消费者的，更可以是消费者自己参与生产的。产品在满足消费者基本需求的时候，更要善于满足消费者的心理需求。人总是渴望与外界形成交流，那些能满足消费者心理需求的产品，才是消费者真正需要的。

不满足心理需求的产品都不是好产品

俗话说世上没有无用的东西，就看你怎么用。对企业来说，也从来没有无用的产品，就看产品满足的是消费者的什么需求。在日常消费中，大多数产品都能满足消费者的物质需求。冰箱、洗衣机、电饭锅、汽车等产品，其基本的功用就是为消费者的基本需求服务。但我们都知道，同样是冰箱，同样是洗衣机，它们的基本功用是相同的，但它们在市场上的价格是千差万别的，有品牌的产品比没有品牌的产品卖得好、卖得贵；个性化的产品比一般化的产品卖得好、卖得贵……

为什么会出现这样的差别？为什么生产相同产品的不同企业市场竞争力大不一样？这是因为很多企业管理者的产品思维已经严重滞后，他们的思维还停留在满足消费者基本需求的阶段，不懂得从消费者的心理需求入手。

根据心理学家马斯洛的人类需求层次理论，人类需求从低到高可以按层次划分为五类，分别是生理需求、安全需求、社交需求、尊重需求和自我实现需求。其中，除了生理需求和安全需求外，其他的需求都是比较高层次的需求。马斯洛的这一需求层次论，正好能够为企业对产品背后的需求分析指明了一条行之有效的道路。企业在产品的设计过程当中，绝对不能忽略用户的社交需求、尊重需求和自我实现需求。一家企业，也只有充分满足消费者的心理需求，其产品才能打开并占据市场，赢得消费者的青睐。

1. 从尊重消费者的社会认同、满足社交需求角度来说，企业的管理者应当强化产品的社交属性

虽然互联网不断深入发展，人与人之间的沟通变得越来越容易，但人们的社交需求却越来越强。整个社会中越来越多的人感到孤单，信息的泛滥让人类找不到自己的位置和方向。每一个人社交的欲望比以前任何一个时代都强烈。从我们生活中的社交软件微信、陌陌，到一些视频社交网站，再到各种各样的论坛等，消费者不但渴望与其他消费者分享需求与想法，更渴望与企业互动交流。消费者都希望能在与他人沟通交往的过程中寻找到自己的位置和归属感。

比如大家都熟知的可口可乐（如图 4－5 所示），其在这几年的广告营销过程中就特别注重社交元素的加入。可口可乐的广告词也花样繁多，诸如纯

图 4－5　可口可乐

爷们、才女、宅男、攻城狮等（如图4－6所示）新鲜的网络用词被运用到可口可乐的瓶身广告当中。这些词针对的正是社会中的某些群体，这些群体在购买可口可乐的同时，自然而然地就会有一种群体的归属感，他们在喝饮料的同时也满足了自己的心理需求。走在大街上，两个拿着相同广告词的消费者相遇，很可能会因为对产品广告词的认同，而开始现实中的社交。

图4－6　可口可乐广告词

满足消费者的社交需求，企业最常规的办法就是借助现代发达的社交软件与消费者形成互动沟通。比如论坛、微信公众号、企业QQ等，这些社交软件可以强化消费者对企业产品的认同，他们在与企业或者是其他消费者交流沟通的过程中，或许并没有从产品本身得到社交需求的满足。但是因为产品带给了他们社交的机会，起到了纽带和桥梁作用，消费者对产品的忠诚度自然会提升。

企业应该向雕爷牛腩、可口可乐等学习，除了在形式上搭建企业自己的论坛，引导用户参与社交外，更要通过产品功能和产品广告的社交元素来聚拢消费者，培养属于自己的粉丝。粉丝经济在今天为什么有极大的潜力，就是因为粉丝经济的模式适应了消费者的社交需求。

2. 从尊重需求的角度来说，企业的管理者要时刻把握消费者的消费心理，适时地让消费者感受到自己被尊重，感受到自己的与众不同

人一旦满足了生理需求、安全需求和社交需求，就会向更高的需求层次迈进。受到社会的尊重，自我的形象能够与众不同，在社会中拥有一定的地位等，都能够让一个人的尊重需求得到满足。如今几乎所有的服务场所，都会在提供服务产品的时候制造差异化，划分出诸如会员、贵宾等身份等级。这其实就是在满足消费者的尊重需求。消费者在使用服务产品的同时，企业会根据消费者的不同层次，提供不一样的服务。那些会员、贵宾用户往往能够享受到优于一般消费者的服务和产品，所以他们的心里自然会产生一种被尊重的满足。

我们之前讲过产品的小众化，其实在某种意义上来说，企业就是通过小众的产品来满足消费者被尊重的心理需求。国际上知名的奢饰品品牌，超前的高科技产品，纯手工打造的商品，还有高价优质的产品等，都是企业满足消费者，尊重需求的结果。消费者拥有了这些产品和服务，就会获得一种身份象征。拿 LV（路易威登）的包和拿普通包，其基本功能是一致的，但是消费者感受到的被尊重是有着天壤之别的。当消费者获得一种身份和心理上的优越感时，其自然觉得受到了社会和其他人的尊重。为什么飞机和高铁上会设置一等舱或者商务舱？其也正是在满足消费者的被尊重需求。

所以，管理者要拥有新的产品思维，就要懂得去满足消费者更高层次的需求。任何产品都会首先满足人的生理需求，但是只有那些底层需求和高层需求相互交错，不但满足消费者生理需求，还能满足消费者心理需求的产品，才是真正的好产品。

3. 从消费者的自我实现需求来看，产品一定要具备文化要素，一定要与消费者的价值观达成一致，让产品趋于完美

在我们的消费市场上，各种各样的新奇产品非常多，但能够称得上完美的产品并不多。完美的产品会在无形当中蕴含一种文化，具有自我生成的能力，能够让消费者产生价值观认同。

众所周知的乔布斯就是完美主义的追求者，其创造的苹果手机已经成为全世界人民都喜欢的产品。为什么苹果手机能够受到消费者的青睐，赢得巨大的市场呢？因为苹果手机倡导的完美主义理念，其人性化的文化追求，已经随着苹果手机深入到了消费者的理念当中。苹果手机不但给消费者提供了完美的人性化手机使用体验，更把乔布斯的人文情怀带给了全世界。苹果手机和乔布斯让消费者看到了自我实现的可能性，它已经化为一个符号，鼓励着诸多的消费者不断努力和渴望。

对于所有的产品来说，满足消费者的物质需求，都是最基本，最低层级的。在物质如此发达的今天，最基本的物质需求已经能够轻而易举地满足，消费者的需求早已专注于心理满足。企业也不能只是为了生产而生产，那些只靠卖实物产品来赢利的企业早已危机重重。人的需求才是第一位的，只有满足人的各方面需求的产品才会受到市场的欢迎。企业管理者的产品思维，如果不在这个方面做出改变，就注定要被时代所淘汰！

第五章
跟上时代步伐，及时“触电”——电商思维

电子商务是我们这个时代最流行的一种商业模式，互联网技术的不断发展，给了企业和消费者更多的选择。对企业来说，产品展示和营销变得更加方便；对消费者来说，足不出户也没有买不到的产品。电子商务不仅改变了企业的商业模式，更改变了消费者的消费方式，改变了消费者的生活方式。企业管理者应当在这些变化中，看到巨大的商业机遇。

互联网时代新的商业游戏规则

随着互联网与信息技术的迅猛发展，尤其是在智能终端、移动互联网的加速普及下，互联网已经融入到了每个人的日常生活之中，再也没人会否认——如今，我们已经处于互联网时代之下。而正如农业时代、工业时代有其特有的商业游戏规则一样，想要玩转互联网时代，同样需要懂得互联网时代新的商业游戏规则。

在过去的三十年里，改革开放为各种商业模式的发展提供了契机，然而，在互联网时代下，这些商业模式却纷纷被划为传统而被颠覆。凭借着“万达帝国”，王健林以 860 亿元人民币的净资产首次登上 2013 福布斯中国富豪榜榜首，也成为中国 2013 年的首富；而就在 2014 年 9 月 19 日，阿里巴巴登陆纽交所，马云的身价也因此超过 200 亿美元，成为中国新首富，更是让阿里巴巴上万员工成为千万富翁。

事实上，阿里巴巴与万达的对抗由来已久。早在 2012 年的 CCTV 经济年度人物颁奖盛典上，马云与王健林就“电商能否取代传统的店铺经营”展开辩论，双方更是为“十年后电商在中国零售市场份额能否过半”设下 1 亿元赌局。虽然这一赌局的结果尚未可知，但无疑马云在当下领先了一筹。

以服装行业为例，仅 2014 年第三季度，佐丹奴就关闭了 74 间零售店，其内地销售额同比下降 5%，仅为 2.67 亿元人民币，创下了佐丹奴近 11 个季度以来的最低值。无独有偶，艾格服饰、七匹狼、九牧王、卡奴迪路等服装品牌同样正在频频关店，仅 2014 年上半年，其关店数量就分别达到 88 家、347 家、73 家、53 家。

而反观电商呢？仅 2014 年“双十一”一天，淘宝、天猫的交易额就达到 571 亿元人民币，同比增长 63%。其中，各大服装品牌销售额纷纷超亿元，据韩都衣舍集团 CEO 赵迎光透露，“‘双十一’当天集团总销售额达到 2.8 亿元，韩都衣舍旗舰店销售额超过 1.99 亿元”，而排名第二的优衣库当天销售额同样突破 2 亿元。

另外，值得注意的是，一直处于话题焦点的小米，在这一天的表现更是惊人：小米官方旗舰店“双十一”最终成交支付金额 15.6 亿元，夺得了七项第一。其中包括手机类销量第一；电视单品单店销量第一；平板单品销量第一；智能穿戴设备销量第一；3C 配件类销量第一；网络设备类销量第一；线控耳机类销量第一。

各种市场数据表明，传统实体经济的市场份额正在下滑，而阿里巴巴之所以能够颠覆传统实体零售商，传统服装连锁品牌优衣库之所以能够突破电商企业的“围攻”，手机制造商小米之所以能够创造一个又一个商业奇迹……都离不开其对互联网时代新的商业游戏规则的领悟，也离不开其成熟的电商思维。

在互联网时代，任何企业想要实现可持续发展，就必须正视互联网时代下新的商业游戏规则，而非抱残守缺，等着被电商所颠覆。而面对诸如阿里巴巴、京东、360、小米等诸多成功互联网企业，很多人却会感到迷惑，这些互不相同的企业，其成功的核心究竟在哪？或者说，互联网时代新的商业游戏规则究竟是什么呢？

我认为，在这个移动互联和社会化网络主导的新时代，企业必须遵循的应该是新的“4C 商业规则”——“共同创造（Co - creation）、产品核心（Commodity）、社群生存（Community）和组织网络（Connecting）”，简单地说也就是以体验设计为核心，与用户共同创造新的商业模式；以免费且足够好的产品为基础，构筑新的商业模式；以社群成就无须细分的定位、无须广告的营销；构建更广泛的产业生态圈，在产业网络中赢得成功。

看起来似乎很复杂，但如果你懂得互联网时代的电商思维，就能够轻松领悟新的“4C 商业规则”（如图 5 - 1 所示）。

1. 客户思维

在传统的商业模式中，任何营销思维其实都是从产品本身出发，而在互联网时代，客户则成为商业模式的核心。作为管理者，我们应当认识到，立足于强大的技术和工业力量之上，客户对于产品的功能需求，已经能够轻松地得到满足，客户更为关注的其实是产品的体验设计，当企业能够真正洞察客户需求，与客户共同创造时，即使产品的功能没那么强大、不那么完美，

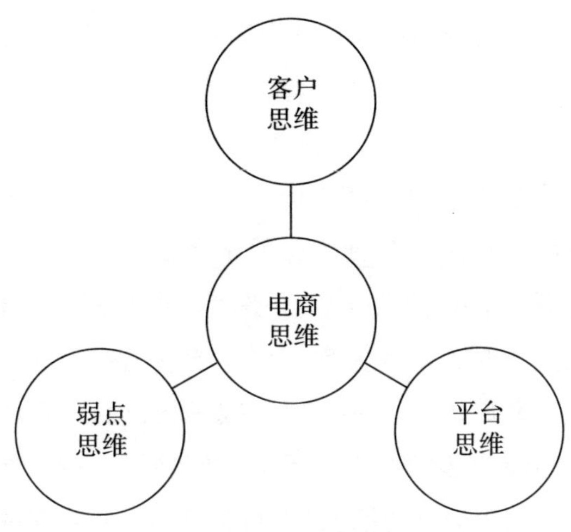

图 5－1　电商思维

仍然能够得到市场的认同。

而通过利用互联网的便利性和互动性，企业则能够较为快速地将客户聚集在一起，并不断与之互动。即使聚集起来的只是一个“小众群体”也没关系，要知道，小米论坛初创时，其用户只有区区数百人，小米系统的体验者更是只有一百人。而正是通过不断提高这些“小众群体”的依赖性和信任度，让客户参与到产品的设计、定位、制作之中，小米才能够依靠其庞大的粉丝群，一步步实现其令人惊叹的市场奇迹。小米的成功其实就是对 4C 商业规则以及客户思维的最好诠释。

2. 弱点思维

传统企业在发展过程中，往往是通过不断地发现并满足客户的需求，从而抢占市场。这样的过程通常伴随着大量的市场调查、数据分析、产品体验……而在互联网时代，则有一个更加简便的方法——寻找客户的弱点。

大多数企业对于自己的产品都有一个准确的市场定位，能够明确自己的客户群体。而弱点思维则是通过发现并分析客户群体普遍拥有的人性弱点，最好是某些长期、普遍拥有的弱点，给予客户简单明了的解决方案。

小米是“为发烧友而生”，因此，其能够开发出性价比较高的手机，并不断地推出系统更新升级，以满足“发烧友”追逐性价比以及“追新”的人性弱点；360 在这方面则做得更为彻底，大多数人都喜欢免费、简便，360 就给予客户永久免费、最为简便的产品，从而提高客户黏性，占据市场。

3. 平台思维

互联网时代的“终极成功”就是构建产业生态圈，从而在产业网络中获得成功。现在互联网上充斥着各种各样的平台：电商平台、电影平台、交友平台等。之所以互联网企业热衷于构建平台，正是因为一旦平台构建成功，就能够拥有独立的生态圈，形成流量入口，能够更容易让客户产生黏性，并使得平台中的企业和客户数量实现几何级数增长，而这样的增长趋势一旦形成，企业就无须再倾注太多的投入。无论是何种行业的企业管理者，都应当重视平台化思维的运用，但要切记：“平台有风险，自建需谨慎。”

平台化思维的代表企业无疑是阿里巴巴和腾讯，阿里巴巴做电商平台起家，且不谈有多少电子商务企业是依靠这一平台发展的，如今各种实体企业也正纷纷进驻淘宝、天猫。而阿里巴巴的触角也正在伸向生活领域，随着其投资或拥有的美团团购、快的打车、阿里旅行等软件不断普及，消费者的生活将再也离不开阿里巴巴，实体企业的发展也将绕不开阿里巴巴。

互联网时代下，旧的商业游戏规则已经被新的“4C 商业规则”所取代，互联网企业之所以能够成功，并不断颠覆传统，正是因为其在电商思维下早已将新的商业游戏规则摸透，而大多数传统企业对于互联网仍然是一知半解，无法抓住其精髓。

“触电”必须防止四大误区

互联网时代下，电商成为所有企业发展都无法避及的问题，即使在国家宏观经济整体下行的大趋势下，电子商务仍然表现出强劲的发展动力。正如苏宁推广苏宁易购、国美建设国美在线、万达筹建万达电商一样，实体经济要发展，就要向互联网进军。

众多管理者纷纷“触电”，无疑是顺应了时代发展潮流的，然而，很多管理者却沮丧地发现，自己虽然投入了大量的人力、物力、财力，自己的电子商务却无法拓展开来。其关键原因并不在于资金不够、人才不足、技术有限，而是管理者未能正确认识自身以及电子商务的发展规律，无法实现二者的妥善衔接。

万达无疑是传统企业中的霸主，但即使有着令人眼红的资金、渠道、线下经济作为支撑，在电商这片水潭中扑腾了好几年的万达电商，仍然无法折腾出较大的声响来。相比之下，万达电商高管频换却成为了互联网中的热点话题。

不久之前，王健林曾经放出豪言——“砸 50 亿元做电商”，也考虑引入国内最大的几家电商参股，甚至可能会与“赌桌对面”的马云进行合作。但我们可以看到的是，万达电商仍然在孤独中迷茫。

究竟是什么原因造成万达这样的企业航母，都无法成功“触电”？正是因为管理者陷入了“触电”误区（如图 5－2 所示）。

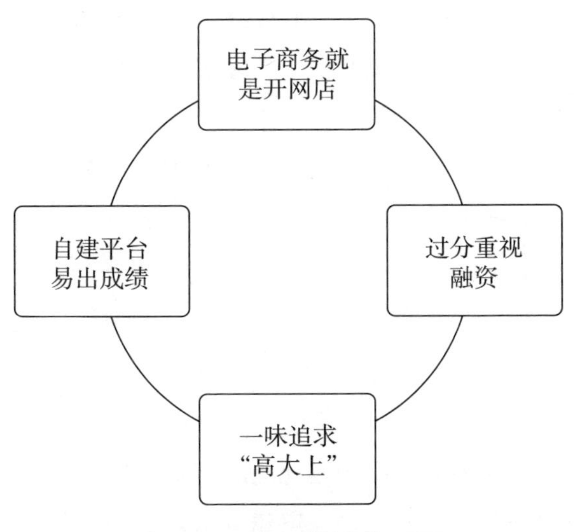

图 5－2　企业“触电”误区

1. 电子商务就是开网店

很多管理者对于“触电”的理解很简单，那就是开个网店，他们“触电”的标准步骤就是：建设官网、开个天猫旗舰店——就这两步！然而，“触电”真的如此简单吗？电子商务真的就只是开网店吗？

在我看来，电子商务其实是利用互联网技术和思维，改造传统商业流通业，而开展网络零售只是其中很小的一个方面。一个企业是否真正“触电”并不以有没有自己的网店为标志，而在于其企业是否向互联网时代新的商业游戏规则转型。

目前，企业电子商务已经能够融入到整个企业的发展过程当中，无论是前端营销还是后端管理，无论是人力资源流、物流还是资金流，无论是企业内部协调还是企业间的协同，都可以运用电子商务模式和互联网思维，从而从根本上提升传统商务模式的效率。管理者在“触电”时不要只是把眼光放在网店上，而应该从互联网、大数据、云计算等新技术着手，这才是“触电”的思路。

2. 自建平台易出成绩

不可否认，平台一旦成功能够为企业带来极大的“成本效益比”，通过营造出一个可持续发展的产业生态圈，平台甚至可以称为互联网企业的“终极形态”。因此，很多管理者在“触电”中奢望一步登天，直接以自建平台着手，认为这样容易快速做出成绩。

然而，平台却有着极大的投资风险。电商平台其实可以算作电子商务中的基础设施，其所要做的并不只是信息的汇聚、检索，也包括交易支付、云计算支撑、大数据服务以及物流、金融等一系列服务作为配套设施，这样才能够真正形成一个健康完整的商业生态圈。而凡此种种，无不需要有此野心的管理者投入大量的资金、人力，并经过长时间的磨合、改造、升级，从而构建出一个能够自我循环的平台。要知道，1999 年成立的阿里巴巴，到 2009 年才开始实行“大淘宝战略”；1998 年成立的腾讯从一开始就被人认为是“绝了互联网创新的路”，直到近几年腾讯才开始以开放、共享的态度拥抱互联网，从而真正将腾讯打造为互联网平台。

3. 过分重视融资

企业发展离不开融资，管理者必须要重视资金流的重要性。然而，即使互联网精神被概括为“开放、平等、协作、分享”，也不意味着互联网时代是一个能够和平共处的时代。很多管理者在引入大量融资的同时，其实就丧失了企业的独立发展权利，甚至放弃了自己对一切的主导力，虽然这样对于企业而言利弊尚在两可，但对于管理者自身而言，无疑是得不偿失的。

而从另一个角度来说，很多管理者过分重视融资，实际上有着自己的野心。管理者想要成为产业链的霸主是无可厚非的，然而，作为管理者，我们应当明白“人力有时而穷”，我们不可能把手伸到所处领域的每个角落。当我们带着这样的意图追求融资的时候，不妨试着将业务外包，在不断地合作共赢中，慢慢成长为产业链中的平台企业。

4. 一味追求“高大上”

对于传统企业而言，成为“高大上”无疑能够给管理者带来极大的荣耀。但互联网时代却并非如此，电子商务的发展特点就是从边缘到主流，往往是那些小微企业能够快速地辗转腾挪。事实上，很多大型电商企业都是从小微企业做起的，如茵曼、韩都衣舍这些年销售额 10 亿元规模的电商企业，从一家小企业发展到如今的地步也只用了五六年的时间，韩都衣舍更是在 2014 年“双十一”服装类销售额排行榜中拔得头筹。

作为管理者，无论我们在传统领域做到多大，都要放低姿态，学会交流和互动，电子商务是真正能够让企业面向全世界消费者的，在这样的市场环境下，管理者追求“高大上”，只会变成一个人的“孤芳自赏”。以较小的体量“触电”，也更易于企业在不断地尝试中找到适合自己的电商模式，并在不断地创新中，让整个企业完成电子商务转型，其实，这也是王健林的万达电商始终无法做成的原因之一。

互联网时代下，管理者的“触电”是必然的，但电子商务能够成为当今市场经济的增长热点，其本身并没有我们想象的那么简单。在“触电”的过程中，管理者一定要避免踏入陷阱和误区。

有一种效应叫“长尾效应”

相信有很多管理者都和我一样曾经将“二八定律”奉为“圣经”，这一定律由意大利经济学家帕累托于 19 世纪末 20 世纪初提出，帕累托指出：在任何一组东西中，最重要的只占其中一小部分，约20%，其余80%的尽管是多数，却是次要的。然而，在互联网时代，这一定律却被彻底颠覆。

根据“二八定律”，我们总是乐于将大多数的资源用在较少的“重要客户”身上，因为“企业80%的利润来自20%的重要客户”。确实，在“二八定律”的指引下，很多管理者都带领着企业走向了成功。但这一定律真的适用于电子商务吗？

互联网时代实际上赋予了市场高度的聚合性，这个市场中蕴含着无数的差异化需求，也蕴含着数之不尽的机遇和赢利点。电子商务可以让每一种产品或服务都能够找到自己的客户群，而在互联网的聚合属性下，这个客户群并非一个小数字。这也就让“二八定律”失去了生存的土壤，“二八定律”的盛行其实是由于那80%的客户过于分散，企业对于他们投注过多的精力实际上是得不偿失的。

而在互联网时代，即使是那些被认为只能带来企业20%利润的80%的客户，通过聚合也能够产生巨大的市场效益，积少成多之下甚至会超过“重要客户”所带来的利润。这就是电商的“长尾效应”，而“长尾效应”所构造出的长尾市场也被称为“利基市场”。

菲利普·科特勒在《营销管理》中给利基下了这样的定义，“利基是更窄地确定某些群体，这是一个小市场并且它的需要没有被服务好，而具备获取利益的基础”。简单地说，我们平时会说很多话，但其实我们常用的词汇并不多，如你、我、他、的、是、了等，这些常用词汇就像是“头部”，而那些不常用的词汇则是一条“长长的尾巴”。

“二八定律”正是让管理者将注意力放在“头部”，而互联网时代却让管理者可以以极低的成本关注到聚合在一起的“长尾”，这就使得管理者能够通过挖掘这部分被传统企业所忽视的“蓝海”，轻而易举地获得不输于“头部”的总体效益。

管理者在“触电”的过程中，一定要注意思维的转变，很多传统商务模式的“制胜法宝”，其实是与电子商务格格不入的，一味地墨守成规只会让企业触电，而非“触电”。中国改革开放30多年以来，管理者当中有很多白手起家的创业者，他们敢于拼搏、决策果断，但到了互联网时代，我们却不难发现，身边有很多身价几十亿的管理者，只是用网络看看新闻、打打牌，甚至连邮件收发他们都不会做。管理者想要成功“触电”就必须正视互联网，不断地学习、积累、创新，而不是将互联网看做传统商务模式的“第二战场”。

而在“触电”的过程中，管理者首先就要放弃过去奉为圭臬的“二八定律”，转而学习应用新时代的“长尾定律”。在互联网时代，能够成为行业龙头的企业，无不对“长尾效应”运用得得心应手。

依靠在全球大量的广告投入，以及精准的产品定位，iPhone 在智能手机市场拥有极大的市场份额，但苹果公司却并不是依靠 iPhone 本身赢利，手机对于苹果而言只是一个平台，其真正的赢利点在于其网上应用程序商店——App Store。在这个商店中，苹果让众多的软件开发商为其开发应用程序，软件开发商能够获得流量收入和付费收入的 70%，而剩下的 30% 则收入苹果囊中。这些软件开发商通常被手机公司所忽视，从中所能获得的收入配比也不多，但正是依靠对这个长尾市场的开发，苹果公司每年可以从中获利数十亿美元，而其成本投入微乎其微。

谷歌则是一个最典型的“长尾”公司，其成长历程就是把广告商和出版商的“长尾”商业化过程。AdSense（相关广告）是在谷歌的营收中几乎占据了半壁江山，AdSense 是由 Google（谷歌）公司推出的针对网站主（简称发布商）的一个互联网广告服务，这一服务通过程序分析网站内容，在网站中投放与其内容相关的广告，从而提高广告投放的精准性。而它所面向的客户是数以百万计的中小型网站和个人。对于传统媒体、广告商而言，这一群体的价值实在是不值一提。但谷歌正是通过将他们聚集起来，而形成了极为可观的经济效益。

再来看看中国的电商霸主——阿里巴巴。阿里巴巴的淘宝面向的是无数的小微企业以及个人店家，这些商户在传统商务模式中所能创造的价值小的可怜。而在淘宝网上，他们无须支付任何费用就能安心开店做买卖。然而，“有人的地方就有江湖”，这些店家同样需要通过推广、美化、宣传等增强店铺竞争力，阿里巴巴则能够为其提供相对应的增值服务。2013 年，淘宝网的开店店铺就达到了 900 万家！想想看吧，这些增值服务能够为阿里巴巴带来多大的利润！

管理者总是习惯性的忽视客户群体中的“尾巴”，但依靠互联网和电子商务，我们却能够从这些“尾巴”中挖掘出惊人的利润和价值。“长尾效应”的成功秘诀就是“小利润大市场”，虽然赚的钱很少，但是我们能够赚很多人的钱。

至于如何“赚很多人的钱”，其关键就在于挖掘过去被人所忽视的潜在客户市场，依靠电子商务，管理者能够以极低的成本将这“80%的‘劣质’客户”聚集在一起，为他们提供具有针对性的产品和服务，从而创造极大的利润。

图书出版业被认为是“小众产品”行业，目前市场上流通的图书达到300万种，但大多数图书其实难以找到自己的目标读者，只有极少数能够成为畅销书。而那些“长尾”中的图书本身印数和销量就少，再加上出版、印刷、销售、库存的高成本，长期以来，无论是出版商还是书店，都将畅销书作为自己的经营核心。

然而，如果这些出版商或者书店能够发展为数字出版社或者网络书店，则能够在“长尾书”中挖掘出广阔的市场空间，而在这个市场中，库存和销售成本几乎为零。哪怕一次只能卖出一两本这样的“小众图书”，但积少成多，其利润累计甚至会超过那些动辄几百万册销量的畅销书。正如亚马逊副经理史蒂夫·凯塞尔所说：“如果我有10万种书，哪怕一次仅卖掉一本，10年后加起来它们的销售就会超过最新出版的《哈利·波特》。”

亚马逊无疑是图书行业中“长尾”成功的代表。举个例子来说，有一位英国登山者在1988年出版了一本讲述其历险故事的书——《触及巅峰》，这本当初籍籍无名的书却在出版10年后登上《纽约时报》的图书畅销榜、并被改编成电影纪录片《背后的故事》。

十年的时间，即使当初是一本畅销书，也可能早已被人遗忘，但《触及巅峰》是怎样获得成功的呢？不知道是出于清仓还是怎样的目的，亚马逊将这本书列在了“同类新书”的选择参考栏中，并附上了其他读者的评价留言。这样的书籍一开始自然不会赢得多少读者的购买，但由于拥有了面对读者的机会，这本图书在不断的累计中，不仅自己实现了成功，也为亚马逊带来了一笔可观的收益以及不菲的名声。

依靠“长尾效应”，电商企业几乎不需要面对库存积压、店面租金等成本，只需要付出极少的网站维护费用，就能够向各类消费者展示尽可能多的产品或服务，在不断地积累中以低成本创造高回报。

“长尾效应”之所以能够在互联网时代颠覆“二八定律”，正是在互联网这样一个不受时空限制的平台上，管理者能够通过将产品进行细致划分，以一种“毫无约束”的产品展示方法，挖掘到产品所面对的大部分的潜在客户。这对于传统商务模式几乎是不可想象的，受限于店铺展示面积、租金成本，传统企业只能将注意力放在那些“重点客户”或者“畅销产品”上，而电子商务则为管理者带来了无限的可能。

“长尾效应”是电商颠覆传统商务模式的一大法宝，但管理者在运用“长尾效应”时，也要注意方法。“长尾效应”的理想状态是：成本成为一个定值，不随销量的增加而增加，与此同时，销量无限扩大！

微电商中的商机

在中国电子商务发展的如火如荼的今天，很多管理者都试图入场分得一杯羹，然而，环顾一周，却发现几大电子商务巨头几乎已经瓜分了大部分的市场份额。管理者想要“虎口夺食”，难度实在不小。但电子商务的庞大市场却给了管理者们“挖墙脚”的机会，那就是微电商。

在微博、微信等社交平台发展蓬勃的今天，随着移动互联网时代的到来，消费者大量的碎片化时间得以开发，无论是在公交站台还是地铁上，甚至是在洗手间里，消费者都会通过移动智能终端的社交平台浏览大量信息。而这就给了管理者“挖墙脚”的机会，那就是以“社交 + 电商”的形式，挤入消费者的视野，通过这些社交平台，让消费者能够看到自己的产品、服务，甚至只是品牌，这几乎是一种无成本的营销推广方式。

这些社交平台所拥有的高针对性以及传播性，则能够为企业带来相当可观的效益，而这就是微电商。它并不像传统电商那样依赖于淘宝、天猫、京东等平台，而是依赖于企业的客户群体，通过直接与客户沟通，从而实现对客户的管理、教育以及对企业品牌的建设、推广。而微信、微博等社交平台还能够为企业带来相当强的口碑效益，通过客户转发、原创评论等形式的二次传播，企业可以吸引到更多的客户。

在电子商务巨头掌控了大部分流量的市场环境下，微电商为企业带来了无尽的商机。而如何把握住这一商机，这需要管理者能够真正的理解微电商（如图 5 –3 所示）。

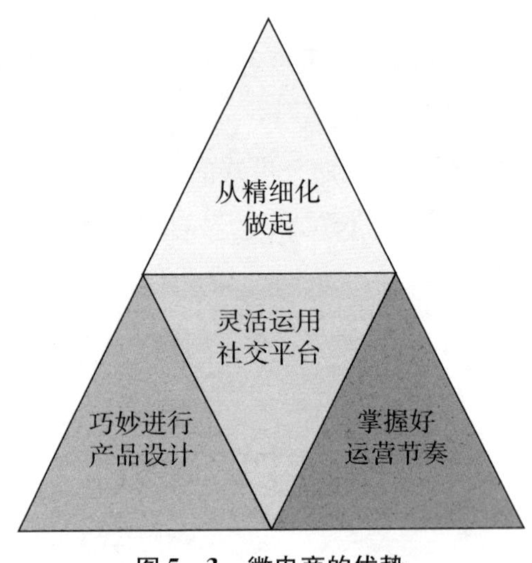

图 5 –3　微电商的优势

1. 理解微电商内涵、从精细化做起

微电商实质上是一种精细化的电子商务模式，电子商务巨头毕竟不可能把触角伸向所有的细分市场，这就意味着，在电子商务市场中仍然有很多巨头们照顾不到的“暗角”。当主流市场上的竞争对手空前强大时，管理者不妨变换思维，从针对精细化市场的微电商做起。

微电商包含着两个层面的意思：一是对产品的市场细化，例如京东是一个 3C 数码产品电商平台，而只卖单反相机，就能以更小的推广覆盖度和更集中的资源培育自己所针对的目标客户；二是对附加服务的细化，电商巨头迫于自身体量的限制，必然无法兼顾各类客户对于产品和服务的需求，这时，我们则可以提供一些客户所渴求的细化服务。管理者必须要明白，微电商的特点就在于：产品少而精；服务很到位。而立足于社交平台的微电商，也使得管理者在走微电商之路时，必须以移动智能终端为核心载体。

2. 灵活运用社交平台

微电商这一商机的出现离不开社交平台的蓬勃发展。消费者的社交化需求，推动了微博、微信等社交平台的发展，而反过来，利用微博、微信等社交平台，我们则可以发现并创造消费者的消费需求，从而卖出我们的产品或服务。

而要让消费者通过社交平台认识甚至喜欢自己，则需要迎合消费者的喜好。作为管理者，我们必须认识到，如今的主流消费群体是“80 后”“90 后”，而当他们出现在微信、微博等社交平台上，大多都有这样几个特点：更注重口碑、更年轻化、有品位、对新鲜事物感兴趣、喜欢并关注社会热点。有时候，他们甚至关注企业管理者多于关注产品和服务，这时候可能就需要我们“亲身上阵”了。

在运用各种社交平台的同时，我们要切记：不要发“硬广告”。微电商就是利用微信、微博等社交平台做广告，但不间断发“硬广告”则会引起消费者的反感，偶尔的发布一些心灵鸡汤、生活常识、热点新闻，可以让消费者更容易接受我们，而我们则可以把企业、品牌、产品或服务巧妙地暗含在这些信息之中。

3. 巧妙进行产品设计

目前微电商上的主要销售产品通常是服装鞋帽、美妆以及家居等对个性化要求比较高的非标准品。之所以会出现这样的产品特点，正是因为这些产品能够在较高程度上满足消费者的个性化需求，而且这些产品的客单价也不会太高，不需要好美消费者太多的决策时间，从而促成消费者的冲动性购买。

因此，管理者在进行产品组合设计时，最好能够把握住目标消费者的个性化需求，并以较低或相对实惠的价格进行推广，甚至可以打出“限时折扣”的标签，从而刺激消费者产生消费行为。

4. 掌握好运营节奏

微电商更多的是在移动智能终端上实现互动，而由于移动智能终端的屏幕限制，消费者在选购时就很难像在电脑上一样详细了解产品信息，也难以在各个商家之间切换——“货比三家”。因此，消费者通过微电商购物更多的是基于对企业的信任。

这就需要管理者真正做到以消费者为中心，通过日常运营工作中的每一个细节，赢得消费者的信任，从而实现细水长流。在经营微电商时，管理者切忌追逐销量的爆炸性增长，因为其结果通常是服务无法跟进，导致辛苦打造的信任关系随之破裂。

微电商就是一种“社交＋电商”的电子商务模式，其依靠的实际上是移动智能终端以及移动互联网的蓬勃发展。管理者在进军电子商务的过程中，一定要紧抓时代脉搏，后入者要找到电商的未来发展方向而不是跟在先行者屁股后面走。

电商其实也无捷径可走

电子商务的蓬勃发展，让很多管理者趋之若鹜，有的人只是看了一些电子商务的书籍或参加了一些培训班，就“一个猛子扎进来”。在他们看来，这些书籍、培训班给予了他们成功的捷径，然而，令人沮丧的是，电商其实也无捷径可走。

电子商务或者说互联网给大家带来了太多太多的奇迹，小米的“三年夺冠”、韩都衣舍的天猫逆袭、360 的颠覆、阿里巴巴造就的首富……当我们看到这些奇迹的发生时，不免就会存在这样的侥幸：电子商务的领域是否存在什么捷径可走？是不是走了捷径就能在庞大的电子商务市场分得一杯羹？

在电商行业中没有秘籍、也没有捷径，在这个发展迅猛的行业里，无人可称作“专家”。正是因为这个行业发展的实在是太快了，我们今天所总结的方法终归都是前人的经验，然而，在互联网的飞速发展下，这些方法究竟的有效期是多久？我们都不知道。

其实，说到底，电子商务模式只是传统商务模式向互联网转移，而伴随着交易平台、渠道、形式等要素的转变，电子商务也呈现出了与传统商务模式截然不同的特点，而正是这些差异，让很多预测正确或者运气爆棚的人能够在电子商务领域创造出各种各样的奇迹。

电子商务模式终究只是市场交易的一个变形，在这个市场中，领导人如果想要走捷径，往往只会在那些似是而非的道路上越走越远。对于任何一种商业模式都需要深入研究，我们才能够掌握其本质，从而依靠对市场的敏感和决策的果决，赶上时代发展的潮流，创造属于自己的那份奇迹。

如果非要说电商之中有什么捷径的话，那就是心态。

1. 用心

根据不同的分类方式，电子商务可以被开辟出太多的战场，而无论是哪个战场都可以挖掘到丰厚的利润。管理者如果只是单纯的跟着别人的经验去做，那永远都只能被别人牵着走，而无法实现超越。

作为管理者，我们要多给自己一点独立思考的时间，毕竟，真正的“撒手锏”是没有人会轻易教给别人的。而且，不同的品类、不同的产品或服务，其所适用的操作手法也不尽相同。无论是电子商务还是传统商务模式，都没有一套通用、速成、高效的操作手册。

有一个小店家，他就是在淘宝上倒腾袜子的，但经过很长时间的思考、分析、调查，他最终把自己的产品定位在“防臭”上——“穿不臭”就是他的袜子的卖点。就是这样一个小店，开业仅三个月后，到了“双十一”那天，成交了300多单，“客单”接近70元，也就是说，仅仅一天，他就实现了两万多元的销售额，这对于一个小店家而言是了不起的成就。而且他的买家都很忠诚，复购率也很高——这就是用心的结果。

2. 专注

做不好电商的管理者，多半是不专注的。他们通常“贪大求全”，什么都想做，却什么都做不好。但是电子商务如果真要做的话，有太多东西可以做，我们做得来吗?

当我们进军电子商务时，在用心思考出自己的路子之后，一定要专注其中，而不是“东一榔头西一棒子”的“丢了西瓜捡了芝麻”。在电子商务中，我们一定要学会专注，学会“做减法”。只有专注，我们才能看得清那些细节。只有看清那些细节，我们才能减掉无谓的消耗，以“小而美”的姿态去拥抱电子商务市场。

3. 坚持

电子商务是一个相当广阔的市场，这就意味着，在这个市场当中，有太多的参与者，有太多的人给自己施加影响。有些管理者往往就在这种影响中，盲目跟风，看着别人赚钱就去做。然而，赚钱的机会太多了，每次成功其所需要的资源、机遇都有所区别。

每年的“双十一”都会“搞死”一批卖家，为什么？因为他们一味地强调规模、销量。打乱了自己原来的节奏，最后结果要么是售后问题一箩筐，店铺声誉骤降；要么是留下一大堆库存，积压至死。管理者在做电商时，一定要坚持自己的节奏，不要轻易打乱节奏。

电子商务中蕴藏着太多的机遇，也包含着太多的陷阱。而“魔鬼藏在细节里”，作为管理者，当我们进军电子商务时，必须把每个细节都做好。不要看了几本书，参加了几次培训班，就以为电子商务这块大蛋糕离自己只有一步之遥——这一步里可能蕴含了千百个陷阱等着你跳进去。

电商没有捷径，有的只是前人的经验，当我们看到这些经验时，要深入的去思考其中的思维方式。毕竟，方法有着时效性，而思维却能够跨越时空发挥作用。

第六章
有了粉丝就有了商业——粉丝经济思维

有人的地方就有市场，有粉丝的地方才是企业应该去的地方。互联网让人们的网络社交变得快速、便捷，消费者心中的沟通欲望也更加强烈。这些变化迫使企业不仅要生产好的产品，更要传递好的信息，完成好的沟通。如今，粉丝经济越来越红火，粉丝给企业带来的价值也越来越大。企业应当倾力培养属于自己的粉丝，让粉丝帮助企业塑造品牌、扩大影响力。

"情怀"能卖多少钱

互联网总是发生着很多让人不解的事情，比如值钱的产品或服务不卖钱、搞免费，而不值钱的"情怀"却可以卖钱了，甚至远远高于产品、服务本身的价值。

对于"情怀"具有价值这一点，作为管理者，我们应当是认同的。无论是在企业文化的建设、员工激励，还是在品牌推广中，"情怀"都发挥着十分重要的作用。可要说"情怀"能卖钱？很多管理者却会感到不可思议。然而，互联网正是这样一个孕育着各种不可思议的地方。

罗永浩本来是新东方的一个老师，2001—2006 年任职北京新东方学校期间，罗永浩以幽默诙谐的教学风格以及高度理想主义的气质，感染了一批又一批的学生，其部分讲课内容甚至被盗录，并以"老罗语录"的名义风靡网络。

2006 年 6 月，罗永浩从新东方离职，开办了牛博网，2009 年 1 月，牛博网国内服务器被关闭，牛博国际无法访问。

2008 年 6 月，罗永浩创办了老罗和他的朋友们教育科技有限公司，在北京做起了英语培训学校——北京市海淀区至圣嘉德培训学校。

2009 年，罗永浩在全国各大高校进行"我的奋斗"主题演讲，并于 2010 年出版同名励志自传，罗永浩的"情怀"也自此流传而出。

2010 年 11 月，北京海淀剧院举行关于其培训学校创业故事的演讲《一个理想主义者的创业故事》，引起广泛回响。

在此后的几年间，罗永浩陆续在微博上掀起了"冰箱门"、质疑方舟子打假基金、炮轰链家等热点事件。至此，罗永浩成了微博上的名人，也拥有了相当数量的"用泵"，目前其新浪微博粉丝数量达到了惊人的 998.4 万人！

但令大家都没有想到的是，正是这样一个以教育为本职的微博热点人物，竟然在 2012 年 5 月创办了"锤子科技"，并于 2013 年 3 月发布了

Smartisan OS 智能手机系统，其后又宣布将要发布“锤子手机”。

很多管理者看到这个人的创业故事，都会感到惊讶，“一个一直从事教育培训行业的人，他能做手机？能做得起来?”然而，令人咋舌的是，就在 2013 年 12 月锤子科技得到了上海紫辉投资管理有限公司和不公开的投资者总计 7000 万元人民币的投资；2014 年 4 月，锤子科技已完成了 B 轮融资，融资金额达到 1.8 亿元人民币，锤子科技的整体估值超过 10 亿元！

正是这样一个手机行业的新人，带领着这样一个还未发布过一款手机的科技公司，在两年内达到了 10 亿元的估值！是什么让投资者如此信任“锤子科技”?“情怀”！

罗永浩的情怀究竟是什么？据罗永浩说，做手机之前，他是业余手机发烧友，偶像是乔布斯。然而，当他目睹了乔布斯离去之后苹果产品越发流失个性，以及“被自己的开放性毁得稀碎的安卓”，罗永浩看不下去了，决定做一个集“易用”和“人性化”于一身的智能系统以及智能手机。他说：“我是个有工匠精神的人，会怀着工匠之心从产品的品质和每一个细节入手，认真做好自己的手机——这也是“锤子”这个名字的由来。”

在罗永浩看来，他在用户体验、审美、营销推广、恋物、完美主义倾向这五个方面一点都不输给偶像乔布斯。他说：“和乔布斯比起来，我就差了一个现实扭曲场，但我的人格力量远胜于他，再加上这个行业全是‘土鳖’和‘笨蛋’，不骄傲地说，胜算很大。”

且不谈罗永浩到底是自信还是自恋，但正是他的这种气质为他赢得了太多的粉丝。2014 年 5 月 20 日，正式发布了 Smartisan T1 手机之后，罗永浩给出了自己的“情怀价”——3000 元！

而对于任何稍微懂得智能手机的人而言，以 Smartisan T1 手机的硬件配置，如果以目前国产手机主流价格——1999 元进入市场的话，这款“锤子手机”才能够在性价比上与同类手机有相提并论的可能。

然而，就是这款定价虚高、问题频出、产能不足的手机，仍然迎来了大批粉丝的抢购。令人遗憾的是，罗永浩辜负了自己的“情怀”，他曾在 2013 年 8 月 4 日对于“锤子手机”的定价发表微博称：“低于 2500

元，我是你孙子”；而就在2014年10月27日，锤子手机官网宣布，“10月30日上午10：00起，Smartisan T1手机进行售价调整。调整后的价格为：3G版16GB降价为1980元，32GB版降价为2080元，4G版32GB降价为2480元。”

也就是说，在手机发布之后仅仅五个月的时间里，“锤子手机”的价格从3000元降到了1980元。在如此短的时间里，如此大幅度的降价，无疑让“锤子手机”的境遇雪上加霜。但从目前来看，罗永浩仍然拥有大量粉丝的拥护，这一点更是让很多管理者感到不解。

“情怀”这样一个“卖不出钱”的东西，竟然能够表现出如此大的威力？其实，说到底，所谓的“情怀”也只是粉丝经济的一种手段。说“情怀”是很容易得到认同和追捧的，道理很简单：对现有产品感到不满的消费者，大有人在，而真正动手去改良的人却少之又少；因此，当消费者看到有人真的去做的时候，会对其产生敬佩以及高度的认同感。更何况，罗永浩本身就已经凭借其多年的教育经历积累了大量的粉丝基础，这就为其打着“情怀”名义的粉丝营销开辟了道路。

而罗永浩的个人崇拜对象——乔布斯，则是一个真正将粉丝经济玩转到极致的人。苹果的产品为什么能够得到那么大的市场认同度？正是因为乔布斯能够在全球市场上拥有大批量的粉丝，在其去世的时候，即使是那些未曾用过一台苹果产品的人，也乐于对其表示悼念，而乔布斯也成了其粉丝眼中的“乔帮主”甚至是“神”。除此之外，苹果凭借其高闭环“硬件—APP—终端”的生态链将消费者牢牢黏住，再加上其优质的产品和设计，这些都使拥有苹果的消费者有一种自豪感，而这种自豪感也促使苹果产品得以病毒式的口碑包围市场。

粉丝经济其实很好理解，在娱乐行业，那些影视歌星正是凭借着其获取的大量粉丝，从而通过电影票、收视率、演唱会、专辑等获取收益。而对其引申之后，管理者则可以依靠粉丝的力量为自己带来效益。

《粉丝力量大》的作者，张蔷对粉丝经济的定义为：“粉丝经济以情绪资本为核心，以粉丝社区为营销手段增值情绪资本。粉丝经济以消费者为主角，由消费者主导营销手段，从消费者的情感出发，企业借力使力，达到为品牌与偶像增值情绪资本的目的。”

管理者如果能够灵活运用粉丝经济思维，无疑能够相当省力的实现品牌推广以及扩大收益，但粉丝经济并没有想象中那么简单。即使是罗永浩，同样在运用粉丝经济思维中，犯下了很多的错误。因此，想要利用粉丝经济"借力使力"，管理者一定要真正的理解粉丝经济思维。

互动是粉丝的第一需求

管理者要真正将粉丝经济化为自己的商业力量，必不可少的一个前提就是——拥有粉丝。如何将千千万万的消费者化为自己的粉丝呢？那就需要了解粉丝的需求是什么，而互动则是粉丝的第一需求！

社交媒体的蓬勃发展，让大众传播方式发生了天翻地覆的改变，也让商业模式随之而改变——企业的推广、售后、客服几乎都可以依靠社交媒体完成。在这样一种新的网络语境下，粉丝则拥有了更为明显的经济价值。在社交平台上，消费者喜欢你才会"粉你"，而"粉你"则意味着他们可能为你的产品或服务埋单。

然而，"天下没有免费的午餐"。要想从粉丝身上获益，管理者则要懂得"养粉"，"养粉"的关键则是互动。粉丝是一个较为特殊的群体，对于他们的衡量其实很简单，他们喜欢你就会关注你，不喜欢你则取消关注。而关注则意味着兴趣和潜在的消费需求，取消关注则意味着这种需求的转移。粉丝经济所需要的不再是单向的传播，不是管理者或企业一个人在社交平台上"自说自话"，而是依靠双向的互动，将消费者黏住。

而粉丝经济中的互动，在实质上就是制造话题，通过不断的制造话题，让粉丝"点赞"、评论、转发，从而在已有的粉丝基础上进行快速传播。至于如何通过话题进行互动，我们不妨再从罗永浩那里取取经（如图 6 - 1 所示）。

1. 参与热点话题

与粉丝形成互动最快捷的方式，无疑是参与热点话题。热点话题是大多数消费者都在看的新闻热点，在这时候，管理者如果能够让企业或者是自己

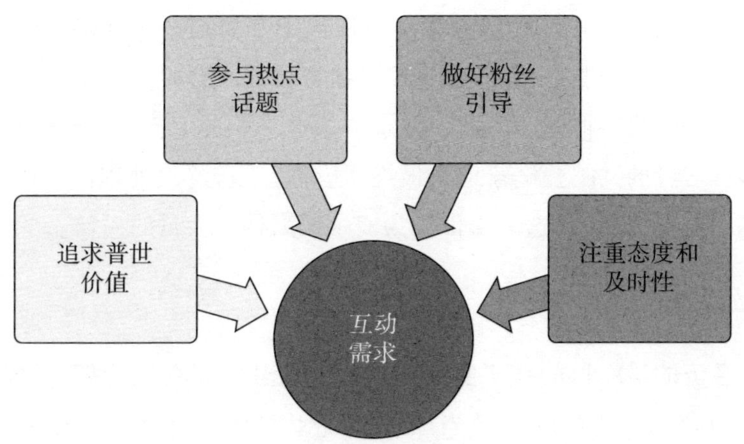

图 6－1　通过话题进行互动

参与到话题之中，则能够迅速吸引消费者关注自己。如果管理者或者企业、产品等能够称为热点话题的源头，则效果更好，有时候管理者可以利用现成的微博热点人物制造话题。

方舟子作为“打假专家”一直是社交平台上的热点人物之一，其成立的“打假基金”也引起了各方的关注。2012 年 3 月，罗永浩质疑方舟子的“打假基金”涉嫌漏税、欺诈，并于 3 月 22 日带领多家媒体前往警方和税务部门，检举方舟子及其代理律师彭剑涉嫌欺诈、偷税漏税等行为；3 月 28 日，罗永浩甚至发布了一条其堵截方舟子和彭剑的视频微博；3 月 29 日，彭剑发布微博称“他不是告官了吗，那就让衙门当监督人吧”。虽然这一检举的结果至今不得而知，但罗永浩却成功借助方舟子与粉丝实现了互动。

2. 追求普世价值

普世价值是不分领域、国家、民族、宗教，几乎得到所有人认同的价值和理念。任何人生活于这个社会中，总会经历这样那样的“不公平待遇”，在这种时候，如果有某个知名人士能够为“弱势群体”发声，人们则会对其产生极大的认同感，甚至将其引为“公知”，从而对其所代言的产品或服务产生“爱屋及乌”的移情效果。

2012 年 6 月 27 日，罗永浩在其微博上披露了公司新入职员工北漂租房遭遇中介陷阱的内幕，并以激烈的言辞对房产中介公司——链家地产进行了指责。租房是很多在外打工者都不得不面对的问题，而相对于房产中介，他们则是不折不扣的弱势群体。因此，罗永浩的这一职责引起了广泛的社会关注，以及众多打工者的共鸣。链家地产最终回应称，“将严肃处理涉事中介，并退回定金免中介费找房。”这一事件又为罗永浩赢得了大量的粉丝。

3. 做好粉丝引导

粉丝经济的最终目的在于实现收益，而这其中就存在着如何将粉丝引导为消费者的问题。这样的引导当然不能过于明显，社交平台几乎拒绝一切“硬广告”，发布大量“硬广告”的唯一结果就是粉丝取消关注。因此，管理者在粉丝经济中一定要找到巧妙引导粉丝成为消费者的方法。

在“锤子手机”发布之前，罗永浩就曾经发起过一次投票“如果产品本身非常好，你能接受4000元的锤子手机吗?”有超过12万人参加投票，而结果也是显而易见的，2/3的用户表示不会买4000元的锤子手机。当大家都以为“锤子手机”会以4000元左右的定价发布时，罗永浩给出了3000元的最终定价。即使这一定价仍然虚高，但却大大低于粉丝的心理预期，致使一部分粉丝为这种“占了便宜”的想法掏了腰包。

4. 注重态度和及时性

对于粉丝经济而言，其中的“偶像”，也就是我们的管理者或企业抑或产品，不能再像以前那样高高在上的端着架子，而要学会放低身价。正如微博上流传甚广的一句话所说的，对待粉丝“要像对待大爷一样伺候着，要像对待儿子一样照顾着”。否则，惹着粉丝不开心了，那就是顺手取消关注的事。

社交平台是一个信息传播极为迅速的平台，这就意味着，管理者即使有一点点忽视，都可能错失与粉丝加强互动的机会。而社交平台同样是管理者处理公关危机的良好场所，一旦危机发生，管理者可以发布严肃的、俏皮的、可爱的公告进行处理，但一定要注重及时性。

“锤子手机”的大幅降价无疑是罗永浩做手机所遇到的一个重大危机。罗永浩在“锤子手机”发布前后，曾经多次嘲讽与自己意见向左的同行以及网友，这已经导致罗永浩流失了大量的粉丝。而当产能不足、质量问题频出时，罗永浩仍然保持着自己嬉笑怒骂的态度，不以为然。

直到锤子手机天猫销售数据造假一事之后，罗永浩才在微博上做出反思；等到锤子手机大幅降价事件发生后，罗永浩为降价前购买手机的消费者提供了降价补贴——明年才会问世的下一款机型的800元抵用券，或是锤子科技官方商城的500元抵用券。然而，在经历过如此种种之后，消费者是否还会再次购机仍是个问题，这样的补贴只会让更多的粉丝离自己而去。

互动是粉丝的第一需求，其中蕴含着的其实是粉丝的各种心理需求，管理者在与粉丝互动时，一定要把握住粉丝的心理需求，从而不断的积累粉丝并留住粉丝，并最终将其引导成为自己的消费者。

要先有忠诚度，再有知名度

在传统的营销方式中，想要推广一个品牌很简单，直接找个当红明星作为代言人，去央视打广告即可。只要有了知名度，就会有销量，对于很多管理者而言，有了销量也就够了，忠诚度只是锦上添花的事而已。

先有知名度，再有忠诚度，是以往管理者惯用的思维模式。那时候，虽然我们嘴上总是喊着“顾客第一”，但其实我们心里都明白，中国的企业大多数都是“渠道为王”“终端为王”的，管理者只需要通过打响知名度，以保证自己的产品能够到达经销商的手里，企业的利润就已经实现了，至于接下来的事情，则与自己无关。只有当企业发展到一定规模的时候，管理者才会试图顺便培养消费者忠诚度，从而提高市场竞争力，并保证企业其他产品能够借势推出。

而在粉丝经济的时代，一切却被颠覆了。粉丝经济思维的杰出代表无疑是小米，小米正是依靠粉丝经济起家的。雷军于2010年4月创立了小米公司，直到2011年8月，小米才发布了第一款手机，仅仅两年后，小米在2013年的手机销量达到了1870万台，总销售额高达316亿元人民币！而到了2014年“双十一”这一天，小米更是凭借116万台手机的销量以及15.6亿元的销售额，夺得了手机类、平板单品类、智能穿戴设备类等七项第一！

雷军是怎样让小米成为手机行业一匹真正的“黑马”的呢？关键之处正在于粉丝经济的思维模式，对于雷军而言，知名度确实很重要，但与忠诚度相比却相去甚远。小米的营销思维是典型的先有忠诚度，再有知名度，这也是粉丝经济思维的关键之一。

当我们拿到小米手机的第一眼，就会看到保护膜上的清晰的“为发烧而生”，这就是小米的品牌宣言，也是小米培养用户忠诚度的关键所在。小米手机正是一群“发烧友”研制出来的产品。

小米公司成立之初，并没有立刻生产自己的手机产品，而是以 MIUI 操作系统起家。通过在各大手机论坛“灌水”、发广告，小米 MIUI 业务总监——黎万强从初选的 1000 个资深用户中，挑选了 100 个人作为“超级用户”，全程参与到 MIUI 的设计、研发、体验当中。而面对吸引到的大量“米粉”，小米又建立了小米手机论坛，让“米粉”聚集在一起，或设计，或研发，或体验的参与到小米产品的研发过程之中。立足于小米论坛，小米还举办了“同城会”“米粉节”等活动，不断提高用户的忠诚度。

经过一年多时间的孕育，小米终于推出了自己的第一台手机。试问，在拥有如此多忠诚用户的基础上，小米手机又怎么能不创造奇迹呢？而小米手机“高配置、低价格”的超高性价比，也真正实现了“让用户尖叫”。当这些忠诚的“米粉”尖叫起来之后，就会呼朋唤友的让人过来体验。在他们看来，这款手机的每个部分都有自己参与的痕迹，向朋友们展示这款产品，能够为他们带来极大的自豪感，这样一来，小米的知名度就自然而然地打开了。而当朋友们体验到了小米手机的超高性价比，又如何能不心动呢？

对于企业的发展而言，知名度是必不可少的，而在传统的营销模式中，知名度的提升更多的是依靠“砸钱”“砸广告”，如此作为的成本与回报，想必大家都心里有数。再看看小米呢？只是一群研发工程师、一群用户、一个论坛，就让小米拥有了大批的忠诚“米粉”，随之而来的，就是小米品牌正面口碑的病毒式传播。

罗永浩推出锤子手机其实也是基于“先有忠诚度，再有知名度”这一思路，但其产品的低性价比、粉丝互动的不完善，都在不断消耗用户的忠诚度，最终的结果就是，虽然仍有大批的忠诚粉丝为其产品埋单，知名度也迅速提高，但其口碑更趋于负面。

“先有忠诚度，再有知名度”，就是依靠粉丝经济让品牌和产品或服务，能够以极低的成本获得最大化的正面传播。在这样的思维模式下，管理者必须真正的以消费者为中心，着力培养、维护并提高用户的忠诚度，而不是做“一锤子”买卖——迅速将粉丝忠诚度变现。

那么，在“先有忠诚度，再有知名度”的思维模式下，作为管理者，我们究竟应该如何去做呢?

1. 以用户为中心

在传统营销思维中，虽然我们也喊着“以用户为中心”的口号，但却很少有人真正做到。而想要让粉丝经济思维为自己服务，管理者则不能再只是空喊口号。其实，粉丝经济模式与传统经济模式的区别在哪呢?所谓的粉丝经济就是“粉丝＋交易”，交易是商业的根本，而粉丝则是区别所在。

在过去那个依靠广告打响知名度的时代，营销更多的是“你说我听”，而随着移动互联网的发展，消费者接受信息的习惯已经改变，变成了“我想听就听、想看就看、不想听不想看就拉黑”。所以，粉丝经济一定要真正做到以用户为中心，让用户能够感到高兴。

2. 让粉丝忠诚，从了解开始

最低层级的是“僵尸粉”，他们关注了我们的微博或者在我们的论坛创建账号之后，就常年见不到他们的身影，这些人是可以忽视的；

稍高一级的是“酱油粉”，他们只是没事过来看看，但不发帖、不评论、不转发，这部分粉丝的价值是需要挖掘的；

再高一级的是“脑残粉”，他们是对企业、品牌、管理者或产品的盲目崇拜者，我们可以轻易地将他们转化为购买力，但需要注意的是，如果不加以引导的话，他们可能会在竞争对手的恶意诋毁中，败坏我们的口碑；

最高一级的则是“死忠粉”，他们能够理解品牌的精神和价值观，不仅愿意重复购买企业的产品，也愿意把体验产品后的感受通过社交媒体分享，成为内容的创造者，从而影响其他的粉丝。

3. 找到“最值钱的一个人”

在粉丝经济中，我们必须找到“最值钱的一个人”，怎么说呢?通过不断地“吸粉”“造粉”甚至是“买粉”中，我们可能已经积累了相当数量的粉丝。但要将这些粉丝转化为购买力，则需要找到最有传播力的粉丝。

在100个粉丝中，可能只有1个会创造与企业相关的内容，9个会对其进行转发和评论，而剩下来的90个都是围观者。粉丝经济的核心就在于，找到那1个创造内容的人，通过9个转发和评论的人，去影响那90个围观者。

至于如何去找，则有很多的方法，比如在老客户的数据中挖掘，从垂直平台上发现，或者是做“原创内容抽奖”“转发抽奖”活动等。

4. 让粉丝“死忠”，少不了参与

培养粉丝忠诚度的方法有很多，而最直接最有效的方法则是让粉丝参与进来。就像两个人做朋友一样，只有不断地接触、互动，让对方参与到自己的生活当中，对方才会感觉自己受到了重视，从而给予反馈。对待粉丝同样如此，不断与粉丝互动，并让粉丝参与到产品的设计、研发之中，是培养忠诚度的最好方法。

在做微电商的过程中，同样可以运用这一方法，比如对粉丝发表的产品体验感受进行转发，对于一些涉及隐私的则可以截图处理后进行发表，让粉丝感受到被重视的感觉，也能够激励别的粉丝进行体验并评论、反馈。

在互联网时代，“砸钱投广告”的思维模式已经不再适用，大量的广告只会让用户反感，甚至直接被各种“屏蔽仪”屏蔽，而“先有忠诚度，再有知名度”的粉丝经济思维，则能够帮助管理者以最低的成本获取最高的知名度。

粉丝能让产品飞起来

当管理者或者企业、品牌拥有了大量的忠诚粉丝之后，我们就能够凭借着粉丝，让产品飞起来——即使产品、服务本身的价值“不值一提”。

相比于罗永浩依靠粉丝经济，让价值1999元的锤子手机卖到3000元，小米所坚持的高性价比无疑是很有“商业道德”的。但即使锤子手机性价比如此之低，其销量仍然让很多传统手机厂商感到惊叹，甚至会发出“这个时

代怎么了”的感言。然而，粉丝经济正是有着这样的魔力，而最鲜明的例子则要属于《小时代》电影了。

《小时代》是郭敬明导演的都市爱情电影，其第一部于 2013 年 6 月上映，并于 2014 年一口气推出了第二、第三部，第四部则预计 2015 年上映。这部电影是根据郭敬明的同名小说改编，且不谈原著小说如何，这部电影却实在是“粉丝让产品飞起来”的典型案例。

电影《小时代》上映之后，就表现出了电影市场上的一大怪相：票房成绩节节攀升，而泛滥的“口水”则与疯狂的收入几乎呈正比。主流影评人集体吐槽一部电影为“烂片”已经属于中国电影市场难见的奇观，而郭敬明粉丝的集体反击则让人为郭敬明的号召力感到佩服。

要说《小时代》所呈现出来的“奇迹”，就不得不说郭敬明。作为新概念作文大赛冠军的郭敬明，在 2003 年出版了《幻城》《梦里花落知多少》之后，郭敬明才开始进入公众的视野，随之而来的是，《梦里花落知多少》一书被指抄袭，这一事件当初闹得沸沸扬扬，却带来一个意想不到的结果，那就是让郭敬明本人赢得了比其作品更为广泛的关注度，他的职业生涯或许也就是从那个时候发生了改变。

在抄袭事件发生之后，郭敬明敏锐地意识到了他的潜在读者群体。不管从什么角度来说，作家的抄袭都应当是受到谴责的一件事，但当事件发生后，大量郭敬明的粉丝却对其表示了支持，甚至会发出“抄袭有理”的言论。

这些粉丝之所以会如此作为，原因也很简单，属于“80 后”“90 后”的他们，当时正处于苦闷的后青春期和叛逆的青春期，他们有着自己的梦想和渴望，但现实的学业压力却让他们感到沉重。而电影、电视等文化产品都缺乏对这一群体的关注，当郭敬明带着他的“青春文学”出现之后，当然赢得了这一群体的关注。

在这样的背景之下，郭敬明迎合了读者需求的小说，自然能够借助其强大的渠道资源以及抄袭事件带来的免费宣传而迅速传播，并让郭敬明的粉丝呈现几何级数的增长。郭敬明本人对于自己的粉丝也表现除了极强的关爱，他甚至曾经坦言：“我是我，读者是读者，不要因为讨厌我而去讨厌我的读者。”

因此，经过十年的培育发酵，当初的青少年已经步入社会，他们已经拥有了一定的经济能力。这时候，“郭敬明要拍电影了”“郭敬明要拍《小时代》了”“杨幂、郭采洁、陈学冬要出演《小时代》了”，狂热的粉丝们自然不会让郭敬明为电影《小时代》票房而发愁。

虽然随着年龄的增长，有一部分粉丝接触了真正意义上的生活之后，已经不会再欣赏他的作品，甚至如今吐槽电影《小时代》的人中，有很大一部分当初都是郭敬明的粉丝，但物质生活更为丰富的“00后”则接替了他们为电影《小时代》的票房效劳。

而电影《小时代》到底如何呢？从价值取向到拍摄方式，从演员选择到故事架构，电影《小时代》都为人所诟病。对于反对者的评论，郭敬明的支持者几乎没有给予任何实质性的回复，总结而言就是三句话——“你老了”“你嫉妒”“你是枪手”。这种简单直接的回复看起来自然是十分幼稚的，也无怪乎他们被冠以“脑残粉”的称呼。

且不谈电影《小时代》究竟是好是坏，但这部电影却在“脑残粉”的支持下“飞了起来”——《小时代》以2000万元的投资撬动了近五亿元的票房收入！到了2014年，另一位新概念作文大赛冠军——韩寒也第一次拿起了执导筒，其导演的《后会无期》获得了6.3亿元的超高票房！

作为管理者，我们更应该从中看到粉丝经济的巨大商机——粉丝是能够让产品飞起来的。从某种意义上来说，作为作家的郭敬明，与其说是一个文化产品制造者，不如说是一个文化产品商人。而其对于粉丝经济思维的极致化运用，也值得我们从中总结学习。

1. 抓准粉丝定位

作为管理者，当我们运用粉丝经济思维时，我们就应该明白，我们不是为了获得所有人的喜爱，而是要获得粉丝的忠诚。那么，问题就在于，我们的粉丝究竟是谁？这就需要我们通过充分的市场调研进行精准的定位。

通过从微博、贴吧、论坛等社交平台上获取的数据，《小时代》制作方首先对郭敬明的粉丝特点和需求进行了有效的分析，紧接着，制作方又根据这一定位找到了符合要求的几位主角。根据制作方透露：“该片将有40%的观众是高中生，他们都是郭敬明以及杨幂等主创的忠实粉丝；30%是白领，他们对《小时代》深有同感，是营销重点；20%是大学生，另外10%为普通人群。”制作方在此基础上又进行了针对性地推广活动，最终自然能够让粉丝心甘情愿地掏腰包。

2. 通过粉丝进行推广

我们的粉丝，尤其是“脑残粉”“死忠粉”，是最热衷于体验我们的产品的人。但管理者的目光不能只局限于这部分人群，而是要通过这部分人撬动更多的人进行体验，从而扩大利润。

来自数托邦工作室的一份数据分析表明：“在《小时代》的9万多位微博原发作者中，女性占到了八成以上，接近半数还是微博达人。可以这么说，《小时代》的年轻女观众们，同时也是微博等新媒体上比较活跃的人群，她们积极参与了《小时代》这部电影的观影、评论、分享、传播甚至争论。”而在这样的话题制造过程之中，其他人群为了能够参与到热点话题中，也就会跟着走进电影院。

管理者在对于粉丝经济的灵活运用中，是能够创造出奇迹的：通过“脑残粉”“死忠粉”的积累，依靠他们的影响力，我们的产品就能在粉丝的托举下真正的飞起来。

粉丝经济四步走

“三流的企业做功能，二流的企业做品牌，一流的企业做灵魂”，所谓的灵魂到底是什么呢？用比较新潮的话来说就是“人格魅力体”，既可以是管理者本身也可以是企业塑造出来的人格形象，总而言之，它就是一个供粉丝崇拜的对象。

而“人格魅力体”要发挥作用则离不开粉丝经济思维。2014年可以说是粉丝经济的爆发年，无论是卖手机的小米、罗永浩，导演电影的郭敬明、韩寒，还是卖化妆品WIS（微希），都依靠粉丝经济获得了超出想象中的成功。

那么，作为管理者，我们究竟要如何借助粉丝经济复制，甚至是超越他们的成功呢？总结来说，只需要四步走（如图6-2所示）。

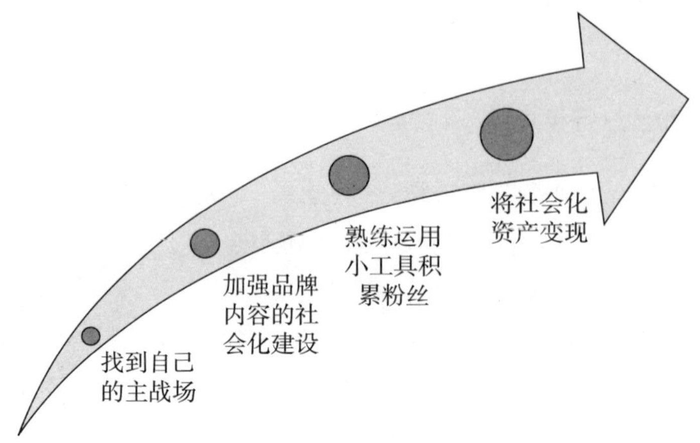

图 6 – 2 如何利用粉丝经济

1. 找到自己的主战场

要运用好粉丝经济思维，就必然需要一个将粉丝聚集起来，并不断获取新粉丝的平台。互联网和社交平台的蓬勃发展，让我们能够便捷地找到各种形式的网络聚集地，如论坛、QQ、微信、微博等。面对如此多的选择，管理者必须要找到自己的主战场。

其实，各类平台都有其独特的优点：论坛可以作为粉丝聚集的“大本营”，在这里，我们既可以发布各种活动公告、软件推广，也可以让粉丝在其中进行意见反馈、问题求助；通过建立几个超级 QQ 群，则可以让粉丝聚在一起进行即时交流，相互促进感情，从而提升粉丝忠诚度；微信作为时下最流行的移动即时通信工具，自然需要重视，我们可以创建公众号、服务号来提升客服质量，并随时随地地与粉丝进行交流；而微博则应该成为大多数管理者推行粉丝经济的主战场。

在国内的各大社交平台中，微博无疑独占鳌头。与此同时，凭借关注、转发、评论、话题、抽奖等多种互动功能，微博也能够很好地满足管理者与粉丝互动的需求。而且，微博互动的公开性和广泛传播性，也能够帮助管理者迅速吸引更多的微博用户成为自己的粉丝。除此之外，微博与阿里巴巴的合作，也让我们看到了微博粉丝快速变现的可能。

事实上，《后会无期》、《小时代》、WIS、锤子手机等产品的成功，都离不开微博这片粉丝经济的最佳土壤。《后会无期》尤其如此，这部电影之所以能够获得 6.3 亿元的票房，其中一个极为重要的原因就是：从开拍开始，参演明星就纷纷发布微博或吐槽、或感想，尤其是导演韩寒更是凭借不断发布女儿的萌照成为“国民岳父”，在这样的疯狂传播中，《后会无期》自然可以斩获不少。因此，在推行粉丝经济之前，管理者一定要认识到微博的主战场地位。

2. 加强品牌内容的社会化建设

无论是在互联网时代，还是在传统经济时代，作为管理者，我们都很重视品牌内容的建设，希望以针对目标消费者的品牌内容打动消费者，如独特、创新、高贵等。而在粉丝经济思维下，管理者更应该加强品牌内容的社会化建设。

在移动互联网时代，粉丝已经从传统的“被动接受者”成为了掌握传播主导权的“主动参与者”。面对这样的变化，管理者在品牌内容建设方面就不能再“想当然”地去做，而是通过微博等社交媒体，表现出社会化、年轻化的品牌形象，而最重要的则是做到“接地气、说人话”，从而让粉丝真正地将我们的微博看作是“人格魅力体”，从而产生亲近感。

在微博中，这样的例子比比皆是：小米 CEO 雷军的个人认证微博会在 22 分钟内回复粉丝关于手机的问题；阿里巴巴旗下的各大产品账号更是互相吐槽，甚至会吐槽他们的“老大哥”——马云。

3. 熟练运用小工具积累粉丝

随着微博的日益发展，微博上的各种小工具也层出不穷，管理者将微博作为主战场之后，切不可忽视对于这些工具的熟练运营。其中最为重要的则是微博话题，对于微博话题的熟练运用，可以为企业积累大批的活跃粉丝。

2014 年春节期间，微博举办“让红包飞”活动，大批企业通过这项活动激励粉丝参与。其中，某企业更是在短短的 40 天内实现了“抽取红包数 453 万，粉丝增长 243 万”的惊人成绩。而在刚刚结束的第二季《爸爸去哪儿》中，其赞助商伊利 QQ 星同样依靠微博话题，在三个月内获得了高达 202 亿次的活动曝光！

除了微博话题之外，品牌速递、微博精选等微博应用，同样能够帮助企业精准地触及到潜在目标用户。思维发挥作用离不开工具地帮助，微博中的各种应用都能够有效推动管理者与粉丝互动，从而让粉丝数飞起来。

4. 将社会化资产变现

粉丝经济的最终目的并不在于粉丝数量的增长，而是在于如何在积累大批量的忠诚粉丝中，将其引导为自己的购买力。对于管理者而言，粉丝就是一种“社会化资产”，而资产的作用正是产生收益。

2014 年年初，“微博支付”上线，微博这一社交产业链正式实现了闭环。自此，管理者可以直接利用微博完成整个销售流程。因此，管理者在微博上的战争，其实就是基于微博打造 O2O（线上线下电子商务）闭环的过程。

而为了让粉丝这一社会化资产变现，管理者则可以选择一些合理的方式给粉丝以刺激和引导，比如打造粉丝专属产品增强粉丝的被认同感，并推出预约、抢购等活动提升粉丝的参与感等，让粉丝能够心甘情愿的为产品和服务掏腰包。

在可以预见的将来，中小企业间的竞争将不再局限于产品或营销，而是生态体系的对抗。当追求个性化和彰显自我的“80 后”“90 后”成为主要消费群体之后，如何研究用户的心理，对症下药成为管理者在市场竞争中取胜的关键。

粉丝经济其实就是一种“让千万人参与、千万人研发、千万人设计、千万人购买、千万人传播”的经济模式，管理者必须重新定义企业、产品与消费者之间的沟通模式，从而形成以社交平台为核心的粉丝经济生态链。

口碑才是企业的生产力

相信很多管理者都已经听说过口碑营销，但在大多数人的心里，口碑仍然只是一种营销手段。而在互联网造就的粉丝经济时代，口碑已经真正地成为了企业的生产力。

2011 年，WIS 护肤诞生，而它的创始人黎文祥当年才 23 岁，正是这样一家几乎所有员工都是“90 后”的企业，在短短的三年时间里，不仅扭亏为盈，更是创下了过亿的年营业收入。黎文祥是怎么做到的呢？口碑是关键！

黎文祥是广东一所软件工程专业大学的学生，在校期间，他曾经在微博上做过一次营销实验：当时，微博上已经是各种“草根大号”林立，虽然错过了“草根账号”崛起的黄金时期，但微博仍然充满了营销机会，黎文祥就和同学们一起创办了一个中介营销平台——微启创，仅仅是通过这一营销平台，黎文祥每个月也能从中获得两三百万元的营收。

那次实验让黎文祥赚到了第一桶金，也让黎文祥在帮助客户推广护肤化妆品的过程中，发现了护肤品的庞大市场。在黎文祥看来，微博的用户大多都是白领阶层，她们学历较高、收入也较多，这些都满足护肤品的消费者定位。而聚美优品的成功，也让他坚信互联网可以让化妆品生意走得更远。

黎文祥对于 WIS 的认识并不局限于一家化妆品公司，而是一家以互联网思维进行运营和营销的公司。而黎文祥是怎么理解互联网思维的呢？那就是让口碑成为第一生产力。

作为一家新兴企业，WIS 想要让口碑说话并非易事。那么，如何快速形成口碑呢？黎文祥选择了直接购买！

有了先前微启创的成功经验，WIS 迅速在微博上积累了大量的粉丝，当然，这样的效果也是以大量的投入为代价的。据黎文祥说，“在其创业的第一年，WIS 几乎把所有营收都投入到了微博营销中，用于拓展更多的目标人群，甚至用此前做微启创的赢利来继续投入”。

除了普通粉丝的积累之外，黎文祥更是不惜血本的创造口碑——以 50 万元一条微博的价格邀请一线明星进行评论，并投入大量的奖品进行微博酬宾。在这样的口碑创造模式下，WIS 每个月的投入甚至达到了千万级别。如今，WIS 官方微博的制定微博仍然是著名主持人李维嘉亲自试用 WIS 抗痘凝露的微博，转发量超过 8 万次，评论超过 4 万条！

口碑的创造自然不能光靠明星说，这样与过去的电视广告其实并没有太大区别，缺乏足够的可信度。那怎么让普通消费者为产品带来口碑呢？首先，得让消费者使用产品，否则其评论同样不可信。为了达到这一目的，黎文祥在微博上举办了大量的免费抽奖活动，在2014年的“315活动”中，WIS更是一次性送出了10万支护肤品，与其他公司选择赠送试用装不同，WIS送出的都是正常分量的抗痘凝露，这一活动让WIS的粉丝量在一天内增加了20万！而那些得到赠品的粉丝，自然也乐于在微博上为WIS说好话，毕竟“吃人的嘴软，拿人的手短”。

依靠明星口碑和用户口碑，WIS不仅在短期内获取了大量的粉丝，更是吸引到了大量的潜在用户。目前，WIS官方微博的粉丝量已经超过了350万，在各大品牌微博中，这一数字仅次于小米，而由于巨大的口碑效应的影响，这些粉丝转化为购买力的比例甚至达到了8%~9%！这就意味着，350万粉丝中有近30万粉丝是WIS产品的购买者。

而口碑的产生不仅源于这些宣传活动，也离不开贴心的客户服务。为了用完善的客服留住粉丝，并将其转化为购买力。黎文祥专门创建了一个独立的客服账号——“小希”。这一客服账号在微博上扮演着美容顾问的角色，“小希”会在详细了解了粉丝的年龄体格、皮肤类型、长痘时间、生活习惯等具体细节之后，给出针对性的建议和产品推荐。这当然为WIS赢得了粉丝的好感和信任，进一步增强了WIS的口碑效应，并为WIS积累了大量的用户数据。

“小希”的作用不仅于此，黎文祥将“小希”塑造成了一个“有血有肉、爱卖萌会撒娇”的年轻微博形象，并举办“小希爱八卦”“小希呼呼大学堂”等活动与粉丝互动，从而让“小希”更具亲和力。

说了这么多，我们却一直没有提到WIS本身的产品如何，那是因为在粉丝经济思维下，产品本身已经没有那么重要，口碑才是生产力所在。

WIS的产品是直接交由第三方厂商进行代工生产，而当被问及“是否担心配方泄露”时，黎文祥坦率地回答道：“我不担心配方泄露，因为即便竞争对手偷了WIS，在没有品牌口碑的前提下，也无法以WIS的价格出售。品牌识别度决定了用户对相近产品的选择，而口碑是对手无法复制WIS的优势所在。”

第七章
无组织、无中心、无界限——管理新思维

进入互联网时代，很多企业管理者发现，自己突然之间不会做管理了。传统的自上而下的金字塔式结构，在一夜之间就要轰然倒塌。人与人之间的关系因为互联网的影响，变得更加自由和平等。传统企业的管理中心逐渐消失，以项目和用户为主导的中心正在形成；企业员工与领导的对话也更加方便……这些变化，都要求企业管理者要以新的管理思维来应对，否则企业的发展将受到巨大限制。

开放管理思维，由“线性化”到“网络型”

长久以来，管理者追求的都是将企业做大、做大、再做大，立足于大量生产和大量消费，为企业带来大量的利润。也因此，“线性化”思维成为过去的主流管理思维，目前仍然有很多管理者受其影响。而在互联网时代，管理者则需要开放管理思维，由“线性化”转型为“网络型”。

在传统产业中，管理者们通常遵循的是“设计—生产—销售”的三段论节奏，通过设立尽可能严密的目标和计划，将“客户需求获取”与“客户需求满足”相衔接。而从其本质上来看，这实际上是一种“内部计划经济”模式，这一模式有两个显著的特点：一是企业需要一个“全知全能的计划”来统筹全局；二是关于客户需求的获取与满足则总是停留在对于过去的数据的分析上。然而，当初的管理者似乎都不明白，这个世界上既没有静止不动的需求，也没有真正完美的计划。

无论如何，在20世纪盛行的“线性化”管理，也因其责权清楚、相对稳定性较大、易于保持良好的纪律等特点，为那些真正有能力的管理者贡献了非凡的力量。1977年，美国大企业的力量达到巅峰，美国“五百大企业”的销售总额占到了美国全国生产总值的62%；到了1982年，日本十六大企业集团（包括六大财团）的销售总额，也达到了日本全国生产总值的62.6%，其中六个财团更是平均拥有核心企业112家，平均一家公司拥有员工3000人以上！

而伴随着企业的不断做大，这种一层一层逐级而下的“线性结构”也必然会随之不断拉长，当初效仿军队管理建立的“线性化”管理，虽然为管理者带来了高度的掌控力，而如今却成为了组织管理的阻碍，“政令”的上传下达往往因为这条长“线”而失去及时性甚至是准确性。

与此同时，随着时间进入了21世纪，社会的主流消费者不再是“蓝领工人”，而变成了“知识工人”。由于物质财富的不断积累以及文化程度的增高，他们不再是“整齐划一的普罗大众”的一员，而是开始追求个性化的消费和生活，管理者失去了对消费者需求的掌控，自然更加难以制订出“全知全能的计划”。

在过去长达一个世纪的“大生产运动”中，大多数人其实都生活在一个生产过剩的社会当中，而显得有些“过度富裕”。也因此，商品的实用价值在消费者的消费需求中已经落居次位，个性化需求开始占据主导。随着消费者需求的改变，消费市场也变得破碎而多变，没有了“大市场”，大量生产、大量消费的时代也就随之走向终结。

而随着互联网时代的到来，“线性化”管理思维更是失去了生存空间，然而，令人不解的是，仍然有很多管理者坚持着“线性化”管理思维。之所以如此，大概是仍有一些管理者希望以此成为自己“封闭的王国”中的“帝王”吧。

“线性化”思维的过时，从高科技企业的发展中可见一斑。按照“线性化”思维的逻辑，企业组织越大就越能够掌控更多的资源，也就越有能力进行研究开发，那么，新兴的高科技产业应当也是大企业的囊中之物。然而，事实上我们都知道，在高科技产业中，呈现的却是一种“百家争鸣、百花齐放”的态势。无数的小企业管理者抓住了市场契机，如戴尔、微软、苹果、腾讯、阿里巴巴等企业，能够在短短几年内，就从零开始做到行业巨头，而无数过去的大企业却随时面临着被颠覆的危机，有的甚至已经成为历史。

比尔·盖茨是较早开始采用“网络型”管理思维的管理者，其创立的微软之所以采用网络型组织结构，原因在于两方面：一方面，微软公司创立之初就只有比尔·盖茨以及十几位电脑黑客，这样的小团队自然不可能形成线性化的组织机构，所有软件都需要程序员们相互协作、共同完成；另一方面，软件产品并不像传统产品，不可能被分解成一个个零件再进行组合，而需要从一开始就保证各部分功能间的相互兼容、相互调用，这就需要各个工作人员的工作需要同时进行。

经过多年的磨合，微软内部也已经形成了一套完善的以互联网和信息技术为基础的网络型管理结构。在新产品的开发过程中，微软都会根据新软件的每一个功能组成一个“特性小组”，小组成员人数根据程序的开发难度而定，同时，微软还为每个小组配备一个人数相等的测试小组，以对源代码的正确性进行检验。编程工作开始后，每个程序员须将自己当天编写的程序定时输入中央主版本，并由计算机将所有程序员编写的程序融合为新的代码。等到第二天开始工作时，程序员则需要先从中央主版本下载最新的源代码，再在此基础上进行编写。这样一来，微软的几千名程序员就可以实现同时工作，并实时了解其他小组的编程情况，在需要的时候对其进行调用。而微软为每个小组配备的项目经理，其职责也并非监督，而是协调各小组间的同步和兼容，并对编写工作中最困难的部分进行“攻坚”。

在这样的组织模式下，微软的员工在内部有很强的流动性，编写 PowerPoint（一种演示文稿程序）的程序员可以去编写 Word（一种文字处理程序），项目经理可以做产品策划，测试员也可以转职为程序员。在比尔·盖茨看来，这样的流动有利于组织内部各部门之间进行知识和信息的交流，也有利于挖掘员工的潜能，而微软的“网络型”组织结构也为这样的人员流动提供了可能。比尔·盖茨也得以凭借一个十几人组成的小公司，迅速颠覆掉“线性化”的大企业，成为 IT 领域的龙头。

那么，传统企业管理者又应该如何由“线性化”的管理思维，转变为“网络型”呢？毕竟，传统企业的业务流程与程序开发还是有所区别的。

不知道有没有管理者曾经想过，将企业所有的功能部门都“外包”出去，自己则只需要领导一个小规模的管理小组，对企业内部进行直接管理，并对各个外部机构进行协调？可能很多管理者认为这样的想法很大胆，然而，这正是“网络型”管理思维的终极目标。

大量生产、大量消费的时代结束之后，弹性、专精的生产方式因为其对破碎而多变的市场的适应性，而迅速崛起。在这样的市场特质下，小企业也因其灵活、多变的管理模式而能够迅速转变为“网络型”管理，而大企业则需要开始向整合大、中、小企业于一体的“网络型”管理转型。

当管理者采用“网络型”管理思维后，我们所要做的其实就只是通过企业内联网和企业外联网，建立一个技术和契约的网络关系。管理者在可以找到独立、合适的功能机构，如制造商、分销商、技术开发商、公关企业、会计事务所等机构后，就可以与他们建立长期的合作关系，让他们负责其“专精”的生产经营功能。而当管理者将组织的大部分功能都进行外包之后，我们自己就只需要组成一个精干的管理团队，对公司内部活动进行直接管理，并协调和控制外部协作机构的关系了。

“网络型”管理的优点也十分明显：一是组织机构的精简，能够极大地降低企业管理成本，并提高管理效率；二是在这一管理思维下，管理者甚至能够对全世界范围内的供应量与销售环节进行整合；三是管理层次的简化，使得管理者能够实现充分授权式的管理。

而在此基础之上，企业则能够具有更大的灵活性和柔性，管理者无须再受到企业内部职能部门的禁锢，而是能够真正地结合市场需求对各项资源进行整合，并对“网络”中的各个价值链部分随时进行增减和调整。与此同时，由于大多数活动都已经实现外包，管理者甚至可以依靠电子商务手段，对各外部机构进行协调和控制，这就使得企业的组织结构在进一步的扁平化的同时，也拥有了更高的运作效率。

互联网思维的运用，推动了“网络型”管理思维的发展，互联网与信息技术的发展也为管理者真正实现组织扁平化管理提供了可能。当“线性化”管理思维不再适应企业发展时，管理者就应该打破“线性化”思维，转而打造出围绕客户形成辐射状的“网络型”组织形态，以“无组织”的开放性平台承接来自消费者以及市场各方参与者的新需求、新创意，使得企业能够在每个环节，都拥有成为创新发起者的可能，并让每个组织外的力量都能够为组织的发展做贡献。

人人都可以是组织中心

在传统的组织结构中，管理者大多采用的是“管理者—中层管理者—基层员工”正金字塔组织模式，在指令由上而下的层层传递中，开展组织的各项活动。但随着时代的改变，对于这样“以我为尊”的组织结构，管理者们就只能进行缅怀了，因为在新时代，管理者还要作为组织的必然核心，那就只能成为“孤家寡人”了。管理者必须要认识到的一个新思维是：人人都可以是组织中心！

在传统的正三角组织模式中，组织核心正是作为“金字塔尖”的管理者们，中下层员工只是为了完成最高层的指令而工作。而由于组织的最高层手中握着巨大的权力，这也就形成了一种畸形的组织生态心理：关注上级，一切以领导为核心。也正是因此，即使我们总是喊着“以消费者为中心”的口号，中下层员工仍然置若罔闻。毕竟，对于他们而言，“衣食父母”可不是消费者，而是管理者们。

而在这个消费者开始主导市场的时代，面对消费者的各种个性化需求，我们已经不能再只是喊喊口号了。这时，传统的正金字塔组织模式却成为了阻碍，由于管理者掌握着“生杀大权”，市场信息与决策层相分离，一线员工虽然能够掌握到最准确、最及时的市场信息，但由于缺乏决策权，只能通过自下而上的信息反馈，让管理者接受到市场信息，等到管理者做完决策之后，再自上而下地进行决策传递。这样的组织模式无疑大大增加了组织决策的时间，同时，市场信息和决策信息在长距离传递过程中，也必然造成失真。除此之外，由于组织结构中各流程环节的相互独立，这不仅无法让信息顺畅地进行横向流动，甚至会造成责权模糊，最终增加企业的协调成本，进一步降低了其对市场需求的反应速度。

那么，究竟要如何实现“以消费者为中心”，让人人都可以成为组织中心呢？其实很简单，那就是把“金字塔”倒过来。

倒金字塔组织模式最早由瑞典的北欧航空公司总裁杨·卡尔松提出。20世纪70年代末，石油危机的爆发，使得全世界的航空业都陷入寒冬，北欧航空公司同样如此，在连年亏损2000万美元以上的情况下，公司其实已经濒临倒闭了。这个时候，年轻的卡尔松“受任于危难”，出任北欧航空总裁，并采取了新的管理方法，仅仅过了一年，就让北欧航空扭亏为盈，实现了高达5400万美元的赢利。而这一新的管理方法就是倒金字塔组织模式。

在卡尔松看来：“人人都想知道并感觉到他是别人需要的人。人人都希望被作为个体来对待。给予一些人以承担责任的自由，可以释放出隐藏在他们体内的能量。任何不了解情况的人是不能承担责任的；反之，任何了解情况的人是不能回避责任的。”

而中国也有一个“受任于危难”的杰出企业家，那就是张瑞敏，张瑞敏在上任破落的青岛电冰箱厂厂长后，迅速将海尔打造成了一个国际大品牌。而他也将倒金字塔组织模式运用到了极致，独特地创造出了以自主经营体为基本创新单元的扁平化网状组织结构，并以“人单合一”的模式让每个员工直面市场，从而大大提高了组织对于碎片化、个性化的消费者需求的获取和满足效率。

何为“人单合一”模式呢？这里的“人”就是企业一线员工，而“单”则是消费者。在这一模式下，“员工听消费者的，而企业则要听员工的”。过去作为组织中心的管理者，此时其实已经处于了组织的最下层，成为员工的支持者和资源的提供者而已。而用张瑞敏的话来说，“人单合一”的竞争魅力就在于“我的用户我创造，我的宗旨我分享”，通过授权给那些能够快速获取并满足消费者需求的人——一线员工，让他们成为整个组织运作的驱动力，从而对市场需求进行快速反应。

那张瑞敏的“人单合一”究竟是如何运作的呢？在“人单合一”模式下，每个员工其实都是一个独立的“经营体”。海尔的每个销售员都有一张专属的损益表，他们每次从公司拿了货卖出去之后，只需要交足公司规定比例的利润以及自己当期所预支的各项费用，剩下来的部分就都是销售员自己的。

想要实现这样的运作模式，就需要企业能够每天对销售员的业绩进行“日清”，这在过去是难以做到的，但凭借互联网和信息技术，却能够轻易地实现。张瑞敏作为企业管理者，只需要关注两件事：卖了多少？赚了还是亏了？而其他的则可以由员工自己做主。

比如说费用问题，大多数管理者会给予不同层级的员工不同的待遇，很多员工都会因为住什么酒店、坐什么交通工具、有多少餐补而心生怨念，那现在就很简单了，管理者根据销售员的销售额决定花销，“你的业绩好就能够得到更多的费用额度，全凭自己”。但企业最后也会对员工当期的费用支出进行决算，“你预支了多少费用？你挣了多少钱？没挣够，那这就是你的负债，是要还的”。这样一来，销售员自己就会决定怎么住宿、怎么出行、怎么吃饭——一切都变得前所未有的简单。

而为了让关注个体的“人单合一”模式，能够为组织整体目标服务，张瑞敏将倒逼机制融入其中。

当海尔变成倒金字塔组织模式时，一线员工成为了倒金字塔的塔尖，由他们自行面对用户和市场，并成为一个自主运营的团队，而原来的各个职能部门，如物流、财务等部门，实际上已经成为了这些团队的成员。由于不再有上级为下级员工设定具体的目标，一线员工则可能只关注自己的收益，不管别人，也不管组织整体的发展。

因此，张瑞敏会为所有一线员工设定一个共同的目标，这个目标是所有人都认同的。比如说目标是年销量增加30%，那物流部门可能说送货有困难，那这就要物流部门自己想办法了，怎么把物流内部的资源进行整合？怎么去创新？这个都由员工自己决定，只要保证最终大家能够一起完成这个目标就行了。如果最终目标没有实现，那么哪个环节出现问题，就要追求哪个环节的责任。

举个例子来说，海尔冰箱事业部设计出了四款产品，假设为甲、乙、丙、丁四类。其中，甲类是赚钱最多的，乙类赚得还行，丙类只能保证保本，而丁类则是会亏损的。那么，销售人员为了多赚点钱，可能就只卖甲、乙两类产品，可这生产出来却卖不掉的丙、丁类产品怎么办呢？这些损失由谁来承担？很简单，由研发人员和企划人员承担，因为产品是他们设计出来的，他们设计出来的产品肯定是为了卖掉赚钱的，现在没人买或者要亏本卖，那亏损肯定得算在他们头上。

正是在这样的倒逼机制下，张瑞敏的倒金字塔组织模式将海尔的所有员工整合在一起，让所有职能部门与一线员工一起，走到市场中去，在真正的获悉消费者需求中，尽力去满足消费者的需求，从而达成设定好的共同目标。

当倒金字塔组织模式将所有中低层员工都拧成一股绳的时候，“人人都可以是组织中心”的目标就已经完成一大半了。而还有一个难点，就是原来的管理层（中层管理者），即使管理者本身能够接受这样的位置转变，管理层能否接受呢？即使他们也接受了，能不能为这一目标而尽责呢？

因此，管理者还需要为中层管理者设定这样几个考核问题（如图7－1所示），以真正实现“无中心”管理。

第一，能不能动员自己？管理者能否改变观念，接受从一个指挥者转变为资源提供者，让原来的下属占据主动？

第二，能不能做出模板？在新的组织模式下，如果要让管理者做出颠覆可能有些困难，但做出某种形式化的模板则是管理者的“分内之事”。

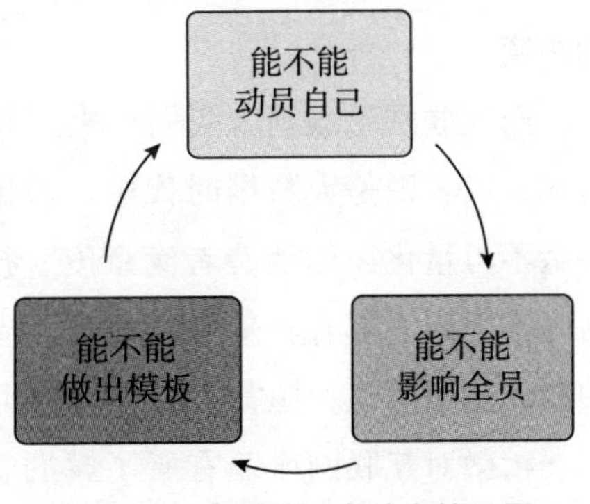

图7－1　中层管理者的考核问题

第三，能不能影响全员？能不能真正地将这一新的组织模式打造为一种文化，让每个员工都融入进来？

当管理者完成了这种从一线员工到管理者的全员转变之后，企业也就真正地成为了“以消费者为中心”的组织结构。作为组织高层，当我们处于倒金字塔的底层时，我们只需要做好资源统筹工作，为员工提供补给即可，至于其他工作，作为组织中心的他们，则知道自己该怎么做。

由数据决定的战略决策

管理者们一直在说着“科学决策”，但说实话，对于大多数管理者而言，科学决策仍然是一个可望而不可即的美好愿景，除非我们懂得如何站在数据的基石上进行战略决策。

在中国管理者的传统思维中，每当说到决策，都离不开这么几个词：“综合”“整体”“直觉”。也正是这些只可意会不可言传的词汇，使得管理者的决策过程成为了一个看不清、道不明的“黑匣子”。这就导致一件极为尴尬的事情，当我们学习新的商业思维时，总是要从美国、日本等发达国家去取经，这并不都是因为他们的企业的发展水平较高，很多时候其实是因为，他们的管理决策是可以衡量、传递和复制的，而中国管理者的决策却缺乏这样的特性。这样的缺失实际上也导致了我们的决策效率低下，即使决策出台，可能也无法执行，这又进一步拉大了我们与发达国家的企业的距离。

而互联网思维则为我们带来了科学决策的“法宝”——数据。在互联网时代，或者说是大数据时代中，数据无孔不入。无论我们遇到的问题看起来多么不可量化，如消费者满意度、投资风险、品牌价值、组织灵活性等，在新时代下其实都有其量化的方法。应用信息经济学创始人道格拉斯 · W. 哈伯德，更是为此大胆宣言“一切皆可量化”。

稍微对互联网产业有所了解的管理者都知道，在互联网产业中，即使是最微小的一个程序或者是一个操作界面的变更，都需要流量、点击数、满意度、好评度等“看得清、摸得着”的数据的支撑。在对互联网模式的应用下，很多组织行为都可以在系统中留下数据的痕迹，而管理者通过将这些数据分门别类，则可以通过对其进行有效分析和利用，将之作为科学决策的一个重要的参数。

“大数据时代，谁掌握了数据，谁就能把握成功”，当管理者认识到这一点之后，实现科学决策就只差了两步。

第一步，获取尽可能多的数据。管理者想要用数据进行科学的战略决策的必然前提就是拥有数据。其实，在企业多年的发展经营中，企业已经积累了很多的数据，然而，由于管理者的不重视，对于这些数据的收集和处理都有所缺陷。因此，管理者首先要重视对于内部数据的收集、保存和整理，保证数据的完整和真实。

而仅靠企业内部数据决策，仍然只是“一家之言”，这就需要管理者到企业外部去寻找数据，包括各种数据平台以及合作企业。只有在获取了尽可能多的数据之后，管理者才能够对其进行处理。

第二步，提高数据处理技术。当我们收集到大量的数据之后，是不可能依靠人力对其进行处理的。要对数据进行妥善的处理，管理者必须重视提高企业数据处理硬件和软件技术，从而对数据的有效性进行甄别，并对其进行重组和分析，让驳杂的各种数据可以变得更加直观。而在逐步提高数据处理技术的过程中，管理者更应该向打造企业数据系统发展，让数据能够真正融入到组织运行的每一个角落。

对于数据的合理利用，确实可以让管理者的决策更为有理有据，但关于如何让发挥作用，还有几点需要注意（如图7－2所示）。

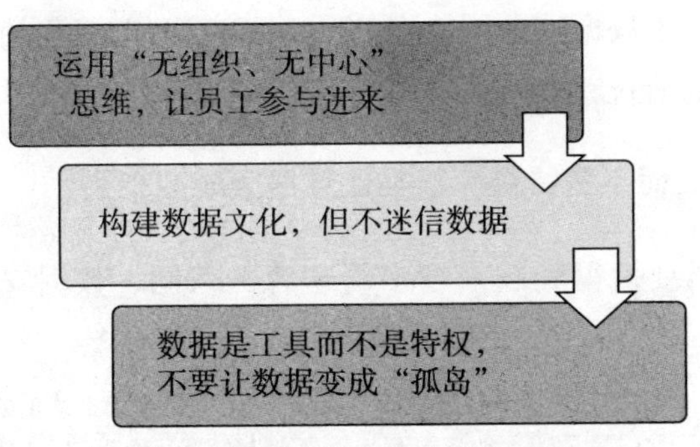

图7－2　合理利用数据注意事项

1. 运用“无组织、无中心”思维，让员工参与进来

很多管理者喜欢对于下属的工作指手画脚，尤其是关于战略决策环节，更是将之看作是自己的“禁脔”①。但在数据决策当中，管理者就不可避免需要让组织的各个团队尤其是数据团队参与进来，否则，管理者甚至可能都看不懂那些专业的数据，又怎么能凭此做出决策呢？

而对于“网络型”组织结构的企业而言，数据决策则会变得更为简单。管理者只需要直接将数据处理外包给专门的技术公司即可，就可以拿到完善的数据模型进行决策。只有让员工参与到决策过程当中，管理者才能避免“拍脑袋”的决策。

2. 构建数据文化，但不迷信数据

要让数据发挥作用，一方面管理者需要在组织内部构建数据文化，让数据部门与其他业务部门相融合。对于新生的数据部门，很多部门都会对其缺乏尊重，有时候当数据部门辛苦地做出模型或分析后，得到的却是管理部门和业务部门的不屑一顾，他们不能理解数据部门是在做什么，觉得那些数字“乱七八糟的没用”。这就失去了对数据的基本的尊重，数据自然也无法发挥作用。

另一方面管理者也要让数据团队深入到业务中去，让他们理解简单的数据背后所蕴涵的复杂的业务逻辑，只有这样，他们才能认识到业务部门的痛点，了解到他们的真实需要，从而有针对性地运用数据做出相关决策。而不是辛辛苦苦做出来，却完全不在点子上。

另外，管理者必须要明白的是，数据本身是不会告诉我们全部真相的，数据决策要求我们认识数据、尊重数据，但我们却不能对之产生迷信心理。在我们不断提高对于数据的运用能力的同时，也要加强其他市场调查的手段，有时候，直接走到消费者中间去则更为直接。

3. 数据是工具而不是特权，不要让数据变成“孤岛”

随着数据的重要性得到越来越多管理者的认同，数据安全也被摆在了相

---

① 禁脔（luán），禁是“禁止，是皇家专享”。脔是“肉”的意思。禁止染指的肉，可以说是最美的肉，是皇帝专享的。比喻珍美的、独自占有，不容别人分享、染指的东西。典故源自晋元帝时，《晋书·谢安传》附《谢浑传》上的记载。

当重要的层面。然而，很多管理者却凭借着“数据安全”的名义做着数据监管的事，将数据作为组织内部的一个特权。

举个例子来说，有的管理者不让一线员工直接参与到数据开发中去，而是让员工提出需求，然后自己再让数据团队去开发、分析，可等到数据团队完成工作，时间已经过了一个星期，这时候，这些数据还会有用吗?

数据确实需要安全的管理，但却不能因为这样的理由，就在员工与数据之间建造“隔离墙”。一线员工是最贴近消费者的人，给他们过时的信息意义不大，他们更需要的是及时性的数据处理。有的管理者却因为数据安全、数据隐私，就将数据打造为一个“孤岛”，使得各个部门之间的数据无法流通，他们就难以在这些数据的基础上进行协作，数据也就无法发挥作用。

管理者早就该放弃依靠“直觉”做决策的做法，而互联网时代则为由数据决定的战略决策提供了技术支持。但管理者需要注意的是，数据决策需要相应的硬件和软件技术对其进行处理，越细致的处理自然能够产生越好的效果，但也需要投入更多的成本。因此，管理者还需要在成本与细致程度上进行权衡。

客户是上帝，员工也是上帝

如果说“客户是上帝”，相信没有管理者会表示异议；但要是说“员工也是上帝”呢?可能很多管理者就会有点犹豫了。然而，作为组织中相当重要的一个环节，作为管理者的“手、脚，甚至是脑”而存在的员工，为什么就不能是管理者的“上帝”呢?

中国企业家中早就流传着“以人为本”的理念，这里的“人”指的正是员工，但这句话一直都只是停留在理念的层面上，管理者们很少能真正认识到员工的重要性，更没有多少管理者采取措施、构建机制将其落于实地。大多数管理者在进行组织管理时，仍然是遵循着“以客户与业务”为导向的原则，而员工则只是被当作满足这一导向而存在的资源和成本。在管理者心中的那杆秤上，员工与客户之间很难实现平衡。

在互联网时代下，每个人都真正地成为了一个独立的主体，每个员工也都在面对确定的客户中产生明确的价值。如果员工不去实现自己的价值，客户也很难为管理者带来价值。因此，在新的时代环境下，管理者必须要认识到，“客户是上帝，员工也是上帝”。

客户是“上帝”是很好理解的，商业说到底是要实现销售，而客户则是我们销售的对象。作为我们的“衣食父母”，只有在客户成为我们的消费者的时候，我们才有钱可赚。那管理者自然需要千方百计地去了解消费者的需求，从而挖掘他们的痛点，并以最快的速度满足他们的需求，同时为消费者营造良好的消费体验，以促成他们的消费行为。“客户是上帝”，很多管理者是这么认为的，也是这么做的。

员工也是“上帝”很多管理者就不太理解了。我们知道，组织运行的好坏，很大程度上是取决于员工的工作态度和工作能力，可以说，员工才是企业真正的“主人”，这是领导们必须要认识到并努力实现的。即使管理者不能认同，也应当努力让员工感受到自己的“主人公”身份，只有我们尊重员工，员工才会以极大的工作热情充分发挥自己的工作能力，从而为“自己的企业”带来收益。

怎样做才算是将员工看做“上帝”了呢？不是简单的发发生日蛋糕、组织节日旅游或者搞个“年会”、发个福利，而是要真正地做到“以人为本”。为企业创造产值、创造财富的毕竟是人，而不是机器设备。归根结底，一切的商业行为其实都是人的商业行为，人没有活力，企业自然也失去了活力和竞争力。而这里的“人”除了指代客户之外，同样包含了员工。

美国罗森布鲁斯旅游公司是全球第三大旅游管理公司，而创始者罗森布鲁斯更是大胆提出了“员工第一，顾客第二”的口号，并且将之赋予了实践。也正是在对员工的高度重视中，罗森布鲁斯只用了十多年的时间，就与企业数千名员工一起，将这家初创的旅游公司发展到了“世界第三”的规模。

很多管理者认为员工只是自己的雇佣，“我出钱，你干活”是天经地义的事，“我不让你把我看成上帝就算是好事了，怎么还要我把员工当做上帝呢？”然而，员工毕竟不是机器，不可能说管理者给了钱，他们就满负荷地去运转。尤其是当“80后”“90后”进入职场时，钱往往不是最重要的，工作不开心了他们随时会“炒掉老板”。而当员工队伍无法稳定，员工不主动发挥自己的创造性、不能凝聚在一起的时候，管理者又何以保证企业的持续发展？

虽然在各种物质的刺激下，大多数员工都会给予企业相应的回馈，但管理者不能就因为这样而把员工当作“奶牛”，而应该将员工看作一个“人”，甚至是“上帝”。也只有这样，员工才能愉快地接受工作，并以极大的创造性去完成任务。要达到这样的效果，其实只需要两步。

1. 让我们的员工快乐起来

试问，跟自己的朋友一起工作，与跟“父亲”一起工作，二者之间哪个更有趣呢？管理者首先要与员工成为朋友，从而给予员工一个愉快的工作环境，这样才能激发他们工作的热情。

因此，管理者们快收起自己的“板凳脸”吧！有时候，仅仅是一个微笑，都可以让员工感到快乐。美国亨氏公司在全世界都有着广泛的影响力，而它的管理者是怎么做的呢？亨利·海因茨平时就很注重营造融洽的工作氛围，有一次，亨利外出旅行，但没多久就回来了，为什么呢？亨利面对员工的追问，略带失望地说道：“你们不在，我感觉没什么意思！”接着，他让几个员工在工厂中央摆放了一个大玻璃箱，而在这只玻璃箱里，竟然是一只巨大的短吻鳄！要知道，在当时，短吻鳄可不是容易见到的生物，在员工们的惊呼声中，亨利解释道：“我的旅行虽然短暂，但这是我最难忘的记忆！我把它买回来，是希望你们能与我共享快乐！”

2. 像尊重客户一样，尊重我们的员工

客户是我们的产品和服务的购买者，但如果因为这样，管理者就希望以“客户永远是对的”的想法去损害员工，以讨好客户，那可能就有些得不偿失了。正如西南航空公司总裁凯勒所说的：“如果认为‘客户永远是对的’，那就是管理者对员工最严重的背叛。事实上，客户经常是错的，我们不欢迎这种客户。我们宁可写信奉劝这种客户改乘其他航空公司的班机，也不要他们侮辱我们的员工！”

诚然，没有客户的存在也就没有企业的存在。但换个角度来想，作为客户的直接接触者，员工才是管理者向客户传递价值的关键。如果员工不能感到满意，无法得到尊重，那么，客户也难以感到满意、得到尊重；如果管理者不能为员工提供一流的产品、完美的服务，又怎么能奢望员工给予客户一流的产品、完美的服务呢？事实上，对于管理者而言，员工同样是客户，是企业文化和产品、服务的消费者。

企业是由全体员工共同经营的，如果管理者不能将员工看作是与自己同舟共济的“伙伴”、为自己创造利益的“上帝”，员工就不会产生“这是我们的企业”的认知，管理者也就无法走向共同创造的繁荣和幸福。

协同管理：企业的边界将变为无边界

当管理者建立起“无组织、无中心”的管理体系之后，运用数据决定的决策模式，就可以凭借员工高涨的工作热情和工作效率，针对消费者的需求采取协同管理模式，让企业的边界变为无边界。

在一些规模较大的企业中，管理者通常会遇到“部门墙”的问题：当某一事项需要很多部门协作完成时，结果往往是协助部门能推就推，牵头部门焦头烂额。因此，管理者总是会想着如何让部门分工更明确，然而，越是业务复杂、客户多元的组织，其对部门间协作能力的要求也就越高，管理者也就更加难以将部门边界分得清楚明白，组织管理的效率也会越分越低。

除此之外，在传统的职能管理中，管理者往往采用横向的模块切分方式，这样确实可以让组织的职能划分更清晰，但也导致了如“官僚主义”“部门墙”等问题的发生，使得组织运行效率陷入桎梏。

在互联网的组织思维下，每个工作流都应该直接指向客户，也就是说，组织内部不再产生部门边界，根据客户需求，管理者应当直接将组织的所有活动和任务打造为一个工作流。在这样的工作流中，一旦哪个部门或环节出了问题，组织内部立马就会发现，管理者则可以据此进行明确的问责。而在这样的组织思维下，管理者也得以对组织的各单元进行协同管理，并推动个别职能部门转型。

举个例子来说，管理者在推动各职能部门为业务部门服务的过程中，可以制定对职能部门进行项目制反向考核的措施。具体而言就是，当业务部门发起一个项目之后，就可以根据项目所需的各个功能，邀请相对应的各个职能部门参与进来。等到年终的时候，由业务部门根据当年各职能部门参与的项目数量、任务难度等因素，对各职能部门的业绩进行打分，这不仅能够激发各职能部门提升协作效率，同时，也会让那些无法满足业务部门需求的职能部门逐渐被边缘化、外包化，而从组织内部消失。而“官僚主义”与“部门墙”之类的问题自然也会随之消失，企业的边界也自此变得无边界。

而这也正是协同管理的威力所在，所谓的协同管理就是通过把各局部力量进行合理的排列、组合，以完成某项工作或项目。其本质实际上就是调动组织内部所有相关单元，为了同一个目标共同作战。而管理者要实现协同管理，就要认识到三大思想（如图 7 – 3 所示）。

图 7 – 3　三大思想

1. 信息网状思想

组织内部的各种信息其实都是存在着联系的。比如说费用报销，费用是什么时间花的，花在哪个项目上了，项目最终业绩如何等，都是与报销单相关的信息，如果管理者把这些相互关联的信息分别储存在财务部、业务部的数据库里，信息实际上处于“孤岛”之中，管理者最终拿到手的也就只是一张简单的报销单，而无法在获取关于报销单更多的信息之后，根据这份费用报销数据做出决策。

而协同管理则能够将这些分开的、不规则的信息整合到一起，组成一张完善的信息网，无论是在这张信息网的哪个信息节点，管理者都可以“顺藤摸瓜”，找到自己想要的信息，如费用花费的时间、地点、金额，以及费用所对应的项目的进展、预算、最终业绩等信息。管理者只有在对各种真实的信息有了全局性的把握之后，才能做出科学的决策，而协同管理的信息网状思想的应用，则提供了这种可能。

2. 业务关联思想

很多人将企业比作一台不停运转着的机密机器，而企业的各个业务环节则是这台机器上的各个部件，员工则是各个部件中的零件。因此，管理者往往习惯于将各个业务环节进行合并，让某个部门或员工对其负责。然而，事实上，所有的业务环节之间都有着千丝万缕的联系，与其说企业像一台机器，不如说企业是一个计算机程序，只有当程序的各个部分能够相互兼容、相互协调时，才能最终运转，从而实现最初设定的目标。

就以一个客户见面会的举办来说，看起来似乎很简单，但它的举办却涉及多个职能部门：客户名单需要业务部门提供，市场宣传资料和方案需要营销部门策划，相关物资的领用和采购需要行政部门完成，各种发票和费用的处理需要财务部门来处理……那么，这项活动该由谁来负责呢？无论哪个部门负责，最终都不可避免地会出现其他部门的不配合或消极配合。

在传统组织管理中，管理者对于每一项业务活动，往往都关注其中的某个或某些业务环节，而这些业务环节却没有权限对于其他环节进行统筹管理，管理者就不得不充当协调者的角色，往往最终变成了自己亲自处理。而协同管理的业务关联思想，则是让管理者对各个业务环节进行充分的整合，让其在一个平台上相互兼容。这样，任何一个业务环节在采取活动时，都可以迅速调用其他业务环节的资源，从而实现业务与业务之间的平滑链接，将企业真正打造为一个能够顺畅运行的软件程序。

3. “随需而应”思想

企业内部的资源大体可以分为人、财、物、信息和流程等几个要素，每项业务的展开都不可避免地需要使用到这些资源。而在传统的组织管理模式中，这些资源却分属于不同的职能部门管理，这就极大地降低了资源调用的效率。

在协同管理模式下，管理者则可以将这些资源整合在一个统一的平台上，并通过网状信息和关联业务将这些资源紧密联系在一起。但仅仅是这样还不够，管理者还需要进一步优化对这些资源的协调利用，这就需要“随需而应”的思想。

当管理者或某个部门发起某个项目时，如果对于哪些资源有需要，都可以通过这个平台进行调用。当任务发起之后，发起者可以迅速调用各部门、地域甚至是其他企业的人才，以及外聘的专家和相关客户等，凡是任务需要的人力资源，都将其整合到一个虚拟的团队当中，在这个团队中，项目信息是共享的，每个人都可以根据自己被分配到的人物，调用相关的资源，而一切活动都需要在发起者或项目经理的监督下进行。在这样的协作模式下，所有资源都可以突破各种障碍迅速整合到一起，为某个目标或事务各司其职，在通畅的沟通和协调中保证目标的快速达成。

协同管理的本质，其实就是打破各种资源之间的边界，让它们为一个共同的目标而协作，通过对各种资源最大的开发、利用和增值，使目标得以快速实现，也使得企业可以无边界。

微信办公：沟通零距离，交流无障碍

自 2011 年腾讯推出微信以来，微信已经成为移动互联网中最成功的社交平台。那么，普及面如此之广的微信，能不能被应用到组织管理之中，让办公变得更高效呢?

如今，微信的注册用户数已经超过 6 亿，随着微信公众平台、朋友圈、消息推送、微信群、微信支付等功能的陆续推出，微信已经成为腾讯战略布局的重要依托。2014 年年初，腾讯又推出 QQ 浏览器微信版，并将微信支付接口以及微信智能开放平台正式对外开放。随着微信功能的不断完善，对于管理者而言，“沟通零距离、交流无障碍”也不再只是一个梦想，而是真正走入了现实当中。

过去，我们每天都有两个多个小时的时间浪费在上、下班的路上，这么长的时间，我们大多是听听音乐、刷刷微博、玩玩微信，因为，“没有电脑怎么能办公呢”？然而，当大多数人将时间耗费在微信聊天、朋友圈中，将微信看做是一款即时语言通信工具或者是移动社交平台时，作为管理者，我们必须要认识到的是，微信其实也是一个办公平台，关键则在于我们能否熟练运用微信中的各项功能。

1. 重要邮件随时通知

组织运营和管理都离不开各种电子邮件的收发，而微信的“QQ 邮箱提醒”功能则能够为其提供便利。虽然企业的办公邮箱并不一定是 QQ 邮箱，但却可以用 QQ 邮箱接管其他邮箱，再加上微信的“QQ 邮箱提醒”功能，就可以随时随地地获悉是否有新邮件，并可以通过微信查看邮件完整内容，同时进行转发、回复等操作。而且，用户还可以根据自己的需要，对于 QQ 邮箱接管的信箱选择性地接受提醒，从而避免被垃圾邮件或不重要的邮件打扰。

2. 群发通知

作为管理者，我们常常会遇到这样的情况：开会时个别人的迟到和未通知到；墙上贴了公告，却没有人去注意；每次向秘书说明哪些人需要收到通知都需要耗费很多的时间……这些现象都十分让人头疼。组织管理必然需要各种通知的下发，而微信“群发助手”则可以实现群发通知的功能。在使用“群发助手”时，用户只需要在微信好友列表中选择需要与会的同事名单，就可以以文字、语音等形式下发通知。

3. 免费的贴身小秘书

每天总是有忙不完的事务，这也使得管理者经常会“记不住”，而需要让秘书提醒，有时候秘书的“记不住”则可能让我们处于十分尴尬的境地，甚至可能因此造成损失。而使用微信的“语音提醒”功能，我们则可以设置每天的行程备忘录，让微信在设置的时间提醒自己。

4. 免费的记事本

在工作、生活中，我们常常会突然冒出一些灵感，或突然遇到些什么事情需要记录。如果不及时记录的话，忙着忙着我们可能就忘了。而微信的“语音记事本”则能够极为方便地帮助我们进行记录，而且这些内容还会自动同步到 QQ 邮箱记事本中，使得我们在通过电脑办公时，也可以快速地对其进行整理。

5. 简单方便的多人“电话会议”

微信最突出的功能就在于其语言通话，通过使用“实时对讲机”，我们就可以直接将需要“与会”的同事或者客户拉进实时语言讨论中。相对于一对一的电话会议或者面对面的现场讨论，这样的形式无疑为一些小问题的处理提供了极大的便利。

6. 地图引领功能

相信很多管理者都会碰到这样的窘境：跟别人说了半天在哪在哪，最后还是得自己跑去找他，甚至得大老远去接他，因为他根本不知道你说的位置。而利用微信，我们则可以直接向好友发送自己当前所处的位置或者聚集地的位置，他们收到并打开后，微信会自动启用谷歌地图为其进行导航。

通过对于微信各项功能的深入开发，管理者完全可以依靠微信实现“沟通零距离、交流无障碍”的梦想。尤其是通过对微信群的利用，管理者可以将组织中的各个“小组”成员拉入到其“专属的”微信群中，从而方便随时随地地进行交流，也避免了短信群发的麻烦和 QQ 群的限制。

另外，很多管理者会担心更换手机时，旧手机上残留的聊天记录在被人窃取之后，会造成信息地泄露，而新手机上又看不到那些还有用处的信息记录。这时候，我们则可以通过微信的“聊天记录转移”功能，将旧手机的聊天记录转移到新手机上，再对旧手机的聊天记录进行清空。

微信办公能够极大地提升组织办公、管理的效率，为管理者和员工的工作带来便利。然而，作为移动智能终端上的产品，微信也有着一个极大的局限之处，那就是移动智能终端的屏幕小，无法进行复杂操作。也正是因此，2014 年 2 月 20 日，腾讯宣布推出 QQ 浏览器微信版，实现了微信与浏览器的融合。“办公族”一边要盯着手机看微信群里是否漏掉了领导的工作指示，一边要在电脑上进行文档写作和阅读工作，这种使用微信办公的困扰从此也不复存在。

QQ 浏览器微信版的出现，让“办公族”可以使用电脑登录微信，也使得管理者能够在“微信办公”之路上走得更远。根据 QQ 浏览器微信版的评估报告显示：用电脑在 QQ 浏览器上登录微信后，用户在手机上大段编辑、录入文字的难题得到了解决，用户的打字速度提升了大约三倍；而最受用户喜爱的功能则是能够让微信聊天与网页浏览在同一个页面上同时呈现，这就有效地解决了网页版微信用户的困扰；最关键的一点是，QQ 浏览器同时还能够以拖拽的方式向好友发送文件，这极大地改善了过去网页版微信对于图片、文字、链接及文档等资料的分享功能，将过去需要 3～5 步的操作变成了轻松的 1 步拖拽；此外，微信上的聊天内容也可以同步到手机上，并且选择以“小红点”的表现形式，可以对新内容或新消息进行“无扰式”提醒。

微信功能的逐渐完善，正一步步地将微信打造为“办公利器”。而在互联网时代，管理者们在树立起“无组织、无中心、无界限”的管理新思维的同时，也需要通过对于微信等互联网工具的熟练运用，实现“沟通零距离，交流无障碍”的梦想。

第八章
要运动员，不要裁判员——用人新思维

在传统金字塔式管理结构中，企业往往会有很多的中层管理者。并且每个员工要做什么样的工作，必须接受企业领导的安排，人本身的价值得不到充分发挥。如今，企业的组织结构发生了巨大改变，企业的管理模式发生了巨大改变，企业的用人思维也要相应变化。用什么样的人，如何用人，如何建立适合人才发展的用人模式等，都需要企业管理者不断探索。

曹操与诸葛亮，你想成为谁

俗话说，有人的地方就有管理。管理，这是人类社会中永恒的话题。对于经济社会中的企业和组织来说，管理更是重中之重。如何才能管好人，如何才能用对人，这是每一个企业管理者孜孜以求的目标。当社会进入互联网时代，整个社会固有的组织架构发生了变化，组织形式也被互联网慢慢改变。这种变化引发的结局就是，企业的管理和用人必须要以新思维来面对。在上一章，我们讲到了企业管理的新思维，那么与管理新思维相呼应的用人该以什么样的新思维来面对呢？

《三国演义》是很多人都爱读的一本小说，在《三国演义》中，曹操和诸葛亮的形象流传百世，深入人心。曹操和诸葛亮作为有名的管理者，其用人方式和思维非常值得后世的企业管理者学习。不过，曹操和诸葛亮在用人方面的风格是截然不同的：曹操喜欢广纳贤才，善于接受别人的建议，对人才爱不释手，如果遇到稀有之才，他会千方百计拉拢到自己身边。而诸葛亮就不一样了，他确实也善于用人，善于将合适的人安排在合适的位置上。但是诸葛亮因为自己的才华和谋略极高，在用人的过程中往往是独断专行的，所有下属都必须在他的精心布局下行动，绝对不可以擅自行动。另外，诸葛亮善于布局，往往会导致他派到某个岗位上的人根本不知道自己要做什么，需要静候诸葛亮的指令。

曹操和诸葛亮两种截然不同的用人方式，对后世的管理领域有着很深远的影响。这两种用人策略并无优劣，只是在不同的时代，两种用人策略各有自己的特色。如果让今天的企业管理者来选，你会愿意成为曹操一样的管理者，还是愿意成为诸葛亮一样的管理者呢？

在做出选择之前，我们先来分析我们这个时代发生的变化。互联网的深入，让我们所处的时代结构发生了巨大的变化。单个的人再也不像过去那样，拥有固定的社会位置，甘心于眼前的处境，压抑自己的才华……互联网让人类的信息传递变得更加方便，如果一个人是金子，他再也不需要等待若干年才会被人发现。只要一个人拥有才华，需要他的人立马就会在互联网中找到他。

互联网给了企业机会，也给了人才机会。如果一家企业不善于用人，那些有抱负而不得志的人就会离开企业寻求更多的发展机遇。这一点，其实在三国时期也表现得淋漓尽致。曹操广纳天下贤才，他会利用每一个可能的机会去挖掘贤才。虽然那时候没有如今的互联网方便，但曹操善于发现每一个人才，并给拥有才能的人提供发展机遇的精神，值得每一个现代的企业管理者学习。

从人才自身角度来看，随着社会不断完善，个体关于“人”的意识开始觉醒。不管是管理者还是企业员工，都追求自我才华的发掘和展示。以往那种员工必须服服帖帖听从领导命令的局面被改变了，员工更愿意表达自我的意愿，更愿意发挥自己的才能，从而获得自我成长。企业管理者要用人，就必须尊重这种改变，不再把下属当作螺丝钉，不再以静止的眼光来看待下属、看待人才。

在这一点上，我们对比曹操和诸葛亮会发现，曹操的用人策略似乎更适应这个时代的发展。曹操在每次做重大决定的时候，都会先请教自己手下的谋士，让各位谋士各抒己见，呈现多种不同的意见和方案。当谋士的策略和自己的想法相左时，只要能有助于形势的发展，曹操就会欣然采纳。他对每一个谋士的才能都持尊重态度，只要机会合适，他就一定会让最适合的谋士施展出自己的才能。

而诸葛亮则做不到这一点。诸葛亮对每一件事都保持绝对的掌握，当有重大的决策时，诸葛亮会尽可能地坚持自己的意见。而他手下的人员，则要完全服从他的调配。虽然诸葛亮会把他认为合适的人放置在合适的位置上，但人的主动性被大大压缩。下属长期处在被动的境地，就会丧失自我的主动性，变成只会执行任务的“机器人”。

我们无法评判到底是谁的用人策略更好，但我们可以说曹操的用人策略比诸葛亮的用人策略更能适应互联网时代人的发展。假如企业的管理者雇佣了一位极有才能的职业经理人，但是什么事都抓在自己的手中，凡事都自己亲力亲为，职业经理人一直处在被动的位置上。那再有才能的职业经理人也受不了这种环境，他的才能无法施展，他的主动性被一再压制，个人的能力不但无法发挥，更无法成长。这样的工作环境对人才来说是没有价值的。所以，员工会很快离开这家企业。

上面是从人才的角度来看，如果我们从整个社会的组织形式来看，曹操的用人方式也更适合我们所处的这个时代。前面我们提到，互联网的到来，让我们这个时代变得无组织、无中心、无界限，传统企业架构中的中心消失了，企业的管理者再也不是所有公司员工的中心，甚至公司员工人人都可以成为组织中心。企业组织生产，不再是管理驱动了，而是变为需求驱动了。当某个项目需要某类人才的时候，这类人才就会自动地聚拢过来，根据自己的专长各自分工。当这个项目结束的时候，专业人才又会自动地寻找另一个适合自己才能的位置。传统企业组织当中，一个人只能待在一个岗位上的局面被彻底打破了。

一位有专业才能的工程师，他可能既是这个项目中的成员，又是另一个项目中的成员，只不过在不同的项目中，他所担当的任务和承担的角色各不一样。他可以是决策者，也可以是执行者。而在传统的组织结构当中，一个工程师成为领导后，他就只是决策者，他的位置和角色是固化的、静止的。

社会组织结构的这种变化，引发的就是个体人角色的交叉和混杂。组织再也不需要一个固定的中心来管理人员，企业自上而下的金字塔式管理结构和用人结构也就没有了存在的基础。加上社会分工越来越细化，个体的人在某个细分的领域内是专家，但是在其他领域他就必须听从这个领域内专家的指导。像诸葛亮那样能掌控每一件事的全局的全才几乎是不存在的。而像曹操那样，只要是某个领域有专长的人才，他都能够吸纳过来，并使其施展才能的管理者还是大有人在的。

企业如何用人，是企业管理过程当中的重要话题。不同的企业，不同的时代环境，都会对人才有不同的要求。但是不论怎样制定用人策略，都要根据时代的特色和组织架构的变化来选对人、用对人。把飞机的引擎装在拖拉机上，别人不但看不出这个引擎的优势，更不会觉得这个拖拉机有什么特点。合适的人才只有用在合适的位置上，才是企业用人之上策！

尊重每个人的才能，坚定推行“去中心化”

互联网时代的到来释放了每一个人的潜能，让很多人的才能拥有了更多、更好的展示机会，人对于自身才能的被尊重提出了更高的要求。如果一家企业的管理者不懂得尊重人，不懂得尊重人的才能，那这家企业必然无人可用。

在日本本田汽车的发展过程当中，曾经发生过一件因为管理者不尊重人才而给企业带来巨大损失的事情。据说，本田汽车曾雇用过一位美国员工，这位名叫罗伯特的员工在汽车设计方面有着极高的天赋。他是本田汽车总裁本田宗一郎专门请来进行汽车设计的高端人才。

被高薪聘请，罗伯特自然十分高兴，在工作上也十分卖力。他每天都努力发挥自己的才能，不断寻找灵感，设计出新颖的汽车车型。有一天，罗伯特设计了一款自己非常满意的车型，他兴致勃勃地拿着图纸去给本田宗一郎看。此时，本田宗一郎正在自己的办公室里面休息，罗伯特因为正高兴，所以并没有注意到本田宗一郎在休息。一进办公室，罗伯特就兴奋地说："总经理，我耗费了很长时间总算是设计出一款我自己满意的车型了。你来看看这款车型，我相信只要投产，就一定能赢得消费者的青睐，公司也能让这款车型大卖……"

正在休息的本田宗一郎突然被罗伯特打扰，他的心里非常不高兴。想到一年多来自己高薪聘请罗伯特过来，罗伯特也并没有拿出多么优秀的方案。本田宗一郎漫不经心地说："你先把图纸放着吧，我等下再仔细看。"罗伯特愣了一下，什么也没有说，便放下图纸走出去了。

到了下午的时候，罗伯特再次来到本田宗一郎的办公室。他郑重地问本田宗一郎："总经理，我中午放在你桌上的图纸你看了吗？"本田宗一郎愣了一下，他从抽屉里拿出折得皱巴巴的图纸说："我看了下，但是并没有仔细看。等我有时间了再仔细看。"罗伯特听到这句话后，对本田宗一郎说："总经理，我提出辞职。这一年多来谢谢你信任我，我会记住你的关心的。"

本田宗一郎听到这话时，非常吃惊，他没有想到罗伯特会提出辞职。罗伯特倒也没有掩饰，而是很坦诚地说："我拿出我费尽心血的图纸时，你总是没有时间去看。它是我这一年来的心血结晶，就算是不完美，你也应该认真看一看。你并没有尊重我的才能，我相信总会有人尊重我的才能。"

果然，在罗伯特带着图纸离开后不久，他就找到了赏识他的汽车公司——福特汽车。福特汽车的领导们都非常欣赏罗伯特的设计，他们迅速将罗伯特的设计转化为新车投入生产。很快，罗伯特设计的新车上市，受到了市场的青睐。而本田汽车的市场，却因此受到了这款新车的不小冲击。

我们不用去求证这件事的具体细节，但我们能够从罗伯特的身上感受到这个时代尊重人的才能的重要性。或许每个人都不会像罗伯特那样拥有极高的设计天赋，不能设计出令人青睐的东西，但是每个人都渴望自己的努力和才能得到他人的尊重。

在一家企业内部，擅长销售的人员会渴望企业尊重他的销售才能，提供给他更大的销售平台去施展才华；擅长组织管理的人员会渴望企业尊重他的管理才能，让他管理团队，发挥自身价值；擅长执行的人员则更希望得到明确的指令，让他细致入微地完成他应该做的事情。每个人的才能不同，每个人的社会分工可能也不同，但是每个人渴望尊重的心理是相同的。那么企业的管理者又该如何做，才能真正地达到尊重个人才能的要求呢？请看图 8－1。

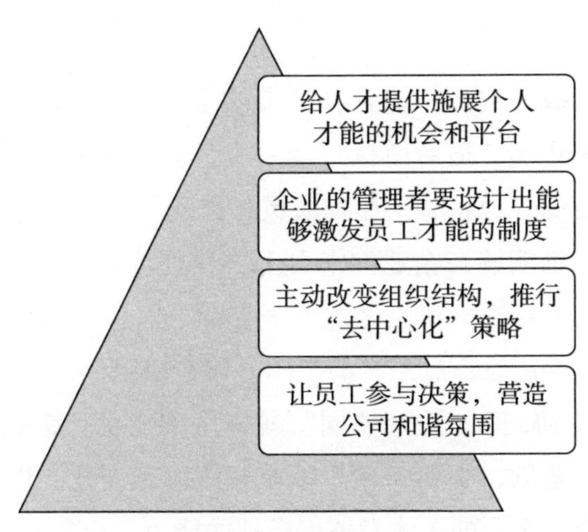

图 8－1　企业要这样尊重个人才能

1. 给人才提供施展个人才能的机会和平台

一个人的才能要发挥出来，必须要有相应的环境。腾讯公司如果没有给张小龙提供研发微信的机会和环境，张小龙的产品设计才能就无法得以展现，我们也就无法使用到微信软件。海底捞如果不能给员工提供施展的机会，员工的积极性和主动性就发挥不出来。在当下的社会环境中，员工对个人能力的发挥更加重视，企业若是缺少供员工发挥的平台，员工很可能会放弃企业，另寻他路。

2. 企业的管理者要设计出能够激发员工才能的制度

不管是制定给员工提供在职期间的各种培训的制度，还是制定对员工充分授权的制度，都可以在一定程度上让员工得到心理上的满足。只有员工在心理上满足了，他才会想到感激和回报企业。传统的企业总是要求员工做这个做那个，从来没有想过从制度上给员工提供发挥才能的保障。尤其是职场上的80后、90后，他们更渴望内心需求的满足，渴望自我才能的展示，如果企业不能提供提升他们才能的培训，不能充分授权让他们施展才华，他们就无法从工作上得到内心的满足。

3. 企业主动改变组织结构，推行“去中心化”策略，打破传统企业的层级结构

自上而下的层级结构是传统企业一贯的组织形式，企业的管理者发布命令，通过一层层的传递，最后由执行者完成任务。但是互联网时代的到来改变了这一切，企业的管理者与企业普通员工之间的距离消失了。“去中心化”让管理者和员工，都能够在企业的平台上协作处理业务、信息同步共享、形成知识体系、共同面对竞争和变化，从而消除“信息孤岛”和“应用孤岛”，让企业能够在不放弃原有信息系统的基础上体验协同，并获得对“人员协同”“流程协同”“信息协同”“应用协同”等需求的满足。企业过去的层级机构已经没有了存在的基础，企业管理者唯有紧跟时代变化，以更加对等的关系去尊重人才，才能让企业的人才发挥出最佳的能力。

4. 让员工参与决策，在发挥员工主动性的同时营造公司和谐氛围

我们都知道，在传统的企业当中，如果只有一个中心，那就是CEO；如果有若干个中心，那就是若干CXO。企业要想发展，就必须靠几个关键的支点驱动，如果缺少了这几个支点，企业的发展就会陷入混乱。而在今天，互联网已经激活了每个人的能量，企业的管理者如果让员工参与到企业的发展进程当中，那员工的积极性将会更加高涨。这个时代，已经很难再推行一言九鼎那一套了。营造合适的土壤，让员工的好主意发出声音，制造出良好的企业氛围，企业才有可能获得更多的机会，平衡决策的风险。

总之，在互联网不断推动社会“去中心化”的今天，企业如果还沉浸在传统层级结构的组织当中不能自拔，那员工就会在看不到发展前景的情况下，放弃企业去寻找适合自己才能发挥的地方。企业尊重每个人的才能，虽然并不意味着要采纳每个人的意见，但是一定要达到人尽其才、物尽其用的目的。

用人的运动场原理：要“运动员”，不要“裁判员”

在我们的社会中，很多人往往分不清自己所处的位置和身份，喜欢做越俎代庖的事情。比如李克强总理就强调政府要搞清楚自己的位置和身份，要做裁判员，而不是想着做运动员。其实在企业中，很多管理者也会犯同样的错误，他们往往忘记自己的身份，处在裁判员的位置上，却老是想着做运动员。这样一来，企业的秩序总会被打破。要想保持企业正常的秩序，管理者就要回归到自己的位置上，把运动员的位置和权利交给下属。

所以，在企业的用人过程中，管理者应该懂得用人的运动场原理，善于以新的用人思维来面对下属，即用人时要善于用“运动员”，不要用“裁判员”。为什么这么说呢?

从最基本的原理来说，企业的管理者就是企业天然的裁判，一场比赛既然已经有了裁判，那只需要找来运动员就好了。如果管理者搞不清自己的身份，让下属当了裁判，而自己既想当裁判又想当运动员，那企业将会乱成一锅粥，根本没法发展。

具体来说，管理者用人时要选“运动员”的原因主要有以下 3 点。

1. 企业需要那些执行力强、创造力强、做事专业的人才

这些人才就像运动员一样，能够推动企业不断往前发展并开拓创新。熟

悉体育的人都知道，运动员都有属于自己的专业领域，在这个专业的领域内，他就是专家。并且运动员在自己的专业领域内做事时，会极为投入和认真，他有强大的内驱力推动他持续往前发展。运动员的这一特性对企业来说是极为宝贵的。

很多企业管理者在用人时，往往要求自己的下属多才多能，却从来不关心下属的专业才能。如果下属的专业能力不强，他在做事的时候就没法全身心投入，没法在精益求精的过程中创造出新的东西。互联网时代，社会化分工越来越细，专业化人才越来越受到社会的青睐。比如销售行业的人员，某个人可能擅长快消品的销售，另外一个人可能擅长汽车销售。如果不能准确细分他们的专业领域，就可能导致他们无法做出好的销售业绩。

对运动员来说，听裁判的话绝对没错，他们跟自己的队友之间会产生一种非常强的默契，有时候为了团体的利益，可以放弃个人的利益。并且，运动员一旦接到指令，就会立马付诸行动，执行力特别强。这些特性对今天的企业来说，也是极为宝贵的。很多企业的员工不听领导指令，做事拖延，为了自我的利益争吵不休。如果企业的管理者在用人的时候，就专门去挑那些具备运动员特点的员工，那企业的发展就会顺利很多。

2. 企业需要那些有着强烈渴望，一心想做到最好的员工

在运动场上，运动员一旦接到指令，就会不顾一切地去赢得胜利，胜利和目标对运动员来说就是生命的全部。一个运动员，如果不一心想着怎么取胜，怎么做到最好，那这个运动员就是失败的。同样的在企业当中，如果所有的员工都像运动员一样，一旦拥有了目标就誓不罢休，靠着自己内心的强烈渴望去赢得成功，那企业的管理就会相对容易很多。我们前面提到互联网时代，企业的组织结构已经发生了变化，扁平化的组织结构让每一个员工都可能成为组织的中心。如果员工没有强烈的渴望，当他成为组织中心的时候，他怎么带领整个团队去成功完成一个项目呢？

互联网时代不断淡化企业的层级管理，企业的老板再也不是固定的组织核心，组织的真正核心变为客户。而员工是距离客户最近的人，他们懂得客户的需求，决定着企业产品的发展方向，可以自由调配企业的资源。企业要想抓住客户，要想以最快的速度响应市场的需求，就必须依靠员工的努力和创新。若企业的管理者不能找到有着强烈渴望的员工，那企业根本无法抓住客户的需求，无法抓住组织的真正核心。

况且，互联网时代，企业的创新往往都是从企业内部发生的，比如微信，就是在腾讯内部诞生的。企业产品要想抓住客户，要想实现跨越创新，就必须让最具渴望和创新性的员工去搅动市场，去创造价值。

3. 企业需要精准选人，选择那些精明、能干、合适的人去满足企业的快速发展

不管是打篮球还是踢足球，球队在组建和发展的过程当中，一定要选择那些身体强壮、敏捷，能承受压力、能适合相关位置的运动员。比如NBA球队，每个团队里的运动员都是百里挑一的人才。谁适合前锋、谁适合中卫，球队队长在选人的时候都是精准选择的。一旦这些运动员被选择了填充到球队中，他们就要充分发挥自己的专长，在合适的位置上发挥自己的能力，以适应球队的发展节奏。

对企业来说，道理也是一样的。互联网时代是一个高速发展的时代，对于每一个企业来说，优秀的人才是企业发展的关键。企业必须精准选人，为合适的岗位挑选到最合适的人才。那些精明、能干、合适的人才一旦进入企业，他们就会在属于自己的位置上发挥出最大的能动性，保证企业高速发展。

当然，运动场上永远都有替补队员，一旦有人掉队，就需要替补队员补上空缺。企业在精准选人的时候，也一定要考虑到企业人才的替补问题。在平时的用人过程当中，企业的管理者可以不断完善企业的人才发展体系，让岗位人才不要出现断层。还要建立应急事件和重大项目的人才紧急补给体系。互联网时代的企业都是以项目为中心高速发展的，项目要想顺利完成，绝对不能出现人才断层。

因此，企业用人跟运动场的情形是极为相似的。企业的管理者要在这个高速发展的互联网时代跟上潮流，就必须不断更新自己的用人思维。运动员与裁判员的关系，就是管理者与员工关系的映照。如果企业的管理者能够领悟到这个道理，摆正自己的身份，做好自己的“裁判”，选好自己的“运动员”，只需要制定企业发展的制度和规则，就能够保证企业健康发展。

时代给企业的管理者提出了很多挑战，同时也带来了很多机遇。扁平化的组织模式消散了企业管理者的核心地位，但也让员工的积极性得到了最大程度的释放。管理者再也不需要辛苦思索如何管理人才，只要善于制定规则和制度，做好企业发展的裁判，那企业管理者就获得了最大的成功！

推行以项目为主导的互联网化用人组织结构

在管理新思维中，我们提到了员工也是企业的上帝，企业的管理者在进行人员管理的时候，再也不能忽视员工的价值了。互联网时代，管理在企业中的地位再也没有过去那么重要，而人才的地位逐渐上升，成为企业价值的核心之一。比如，曾经红火一时的凡客在这几年的发展中遇到了瓶颈。凡客的总裁陈年曾经向小米手机的创始人雷军请教如何管理和用人。雷军给陈年开出了一个“药方”，这个充满互联网味道的“药方”让陈年眼前一亮。

据说，雷军给陈年的建议有以下几个。

第一，先尽可能地去掉凡客的管理层，尤其是企业的中层。陈年在公司的称呼也要发生变化，以前他的称呼是总裁，在互联网时代，总裁的概念已经没有意义了，陈年应该改称创始人。并且，企业既然没有了总裁，那副总、助理等职位就没有存在的必要了。

第二，让员工专心于客户和产品。员工是与客户最接近的人，他们懂得客户的需求，能快速响应客户的一切要求。因为懂得客户需求，所以员工也是最能创新和创造的人，只要让他们安心于产品，他们一定能够研发出满足客户需求的产品，并与客户打成一片，为企业培养起忠实的粉丝。

从这两个建议当中，我们能清晰地看到小米手机的影子，作为纯粹的互联网企业，小米手机企业内部没有 KPI（关键绩效指标）；没有管理层，超级扁平化；没有组织架构，不开会；没有绩效管理，没有级别体系，没有“员工活动”，没有“内部沟通”，没有“内部培训”，没有“企业文化”……小米手机只有客户和员工。

而员工就是连接客户和企业的桥梁，失去了员工，企业就什么都失去了。我们这个时代的商业环境已经发生了巨大的改变，企业只有通过员工去抓住典型客户的需求，不断通过员工的积极性和创造性提升客户的体验，扩大自己的口碑，培养自己的粉丝，企业才有可能发展壮大。

无独有偶，在韩国的企业里也出现了像小米手机一样的用人结构变化。韩国某企业拥有几百名员工，但是他们的管理层级却只有CEO、项目负责人、项目成员三个级别。并且项目负责人和项目成员的位置并不是固定的，当某个项目开始的时候，他们会根据项目的特点和专业推举擅长和专业的项目成员成为项目负责人，其他人则自动变为项目成员，听从项目负责人的指挥。员工之间没有层级关系，没有谁天然地听从于谁的指挥，所有人都只对客户负责。为了让员工感到更加平等，在这家公司内部，所有的成员之间都只以英文名相称呼，即使是企业的创始人也一样。至于企业内部的信息传达，任何员工，包括新来的员工，都可以直接向公司的创始人提出建议或者意见。这跟传统企业当中，下属不能越级向上级领导汇报是完全相反的。

企业组织的形式已经发生了如此大的变化，那么企业的用人方式该如何跟上这种变化呢?

1. 改变传统企业中的管理层级，打破金字塔式层级结构，推行以项目为主导的组织形式

在金字塔式管理模式当中，权力和职位是企业的核心之一，员工不能随意越级提出建议或者调用企业资源。这导致员工无法及时响应客户的需求，员工的积极性被压制。如果企业改变了组织形式，推行以项目为主导的模式，那员工就会成为单独存在的个体，其积极性和创造性能够得到尽情释放。在推行以项目为主导的组织形式时，企业的管理者尽可以学习小米手机和以上提到的韩国某公司的模式。

比如，当新的项目开始时，首先让所有参与项目的人员提出自己的构思和创意，在这个过程中一定要保证所有员工的创意都能够呈现在项目成员的面前。当创意被呈现时，项目小组可以进行创意投票，谁的创意最符合客户的需求，谁的创意最专业，就可以推举谁成为这个新项目的项目组长。

有了项目组长还不够，一个组织要想正常运转，就需要搭配其他人员，这个时候根据其他项目成员的专长再由项目组长任命一些临时岗位。这样一来，擅长研发的就专心做研发，擅长销售的就专心做销售。各司其职，各尽其能。

2. 以人为中心，发现人、培养人，让员工在最有兴趣的位置上创造出最大的价值

上面我们已经解决了组织形式的问题，接下来就要解决人的问题。人的价值在互联网时代得到了极大的彰显。对互联网时代的企业来说，人才的价值是最为宝贵的。扎克伯格曾说过，一个优秀的工程师可以抵得上100个普通的工程师。所以，企业首先要善于发现那些为数不多的优秀人才。在以项目为主导的组织形式中，每个人都会在项目当中独当一面，如果项目成员的能力和水平不足，那项目就没有办法往下进行，更不要说是有所创新了。那企业管理者到底该如何考察人才，选对人呢？请看图8－2。

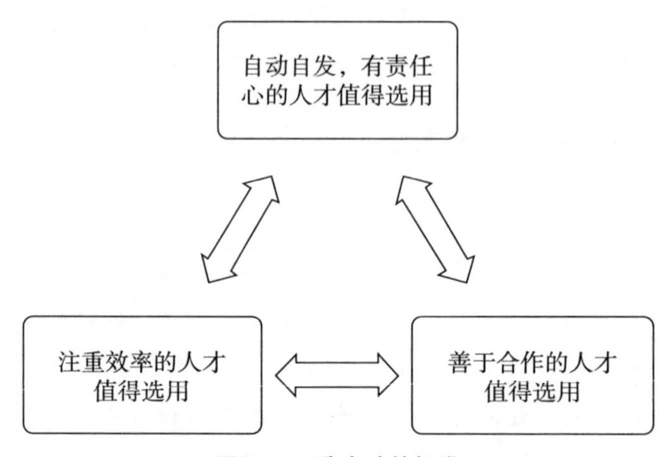

图8－2　选人才的标准

（1）自动自发，有责任心的人才值得选用

传统企业当中，员工总是等着领导布置任务，在互联网化的组织结构当中，每个人都是自主自愿的。如果员工缺少进取心，总等着别人催促，那这样的员工是不值得任用的。项目当中的每一个人都需要承担属于自己的责任，需要自发地完成任务，员工的责任心肯定是不能少的。

（2）注重效率的人才值得选用

注重效率这是企业任何时候都强调的一句话，但是在互联网时代，注重效率有了新的含义，效率比以往更加重要。传统企业当中强调效率，可能是要求员工完成布置给自己的任务，要求员工服从命令。但是互联网时代的效率，不但包含完成分内之事，而且要求员工要充分发挥自己的潜力，在最大程度上调动企业提供的资源创造出更有价值的产品。企业给了员工充分的自主权，员工就要善于利用这种权力，在自己的专业基础之上，为企业创造更大的价值。在项目为主导的组织形式当中，每一个员工的努力大家都看得见，企业能够提供给员工尽可能多的资源，自然也就会提供与员工价值相匹配的酬劳。所以，管理者在注重员工效率的同时，也一定要制定好激励制度，不管是股权激励，还是其他形式，都要让员工在付出的同时得到同等的回报。

（3）善于合作的人才值得选用

在传统的组织结构当中，即使成员之间的合作不太和谐，处在高位上的领导总会协调与分配，团队成员之间的合作并没有那么深入。但是传统的管理层级消失后，团队成员之间已经没有专门的人员去调度和分配了，这就需要团队成员更具合作意识。那些不善于合作的人，很快就会被团队排斥出去。互联网时代发掘了人的价值，但单个的人去单枪匹马奋斗的话也无法成就未来。这是一个团队合作共赢的时代，缺少合作精神，就意味着无法在这个时代很好地生存。企业的管理者一定要选用那些善于合作沟通的人加入企业，如果一个人专业能力很强，但是不善于合作，那他对企业也不会有太大的价值。

从用人组织结构到选用什么样的人，企业管理者需要改变的用人思维太多了。这是一个人人都是核心的时代，也是一个人人都不是核心的时代。人才可以根据企业和客户的需求随时发生变化，企业的用人也要根据客户的需求和企业发展的需求去选用合适的人。人才如此重要，企业一旦选用到合适的人才，就要善于去留住人、培养人。再厉害的人才也是在企业的发展过程当中成长起来的，只要企业善于对员工进行培训，敢于用最优厚的条件去留住人，相信人才必然纷涌而来，企业的发展也必将势如破竹！

第九章
坦诚远比掩盖威力大——公关新思维

我们生活的时代，媒体技术发生了革命性变化，企业在公关方面的思维自然要随之改变。有人说，每一个优秀的企业，未来首先是一个优秀的媒体。优秀的企业管理者，要懂得将公关作为企业品牌塑造、形象提升的常态化工具，要坦诚面对公众，敢于承担社会责任。

信任是企业最大的财富

金融危机导致的信任问题得到了前所未有的关注。从安然到银广厦，从毒奶粉到塑化剂，从“涉癌门”到“水源门”……甚至就连世界顶级会计事务所普华永道都因违规被罚款500万美元，其审计师也因诚实问题受到美国监管局的终身禁令。我们不得不感叹，这个世界上究竟还有什么是可以信任的？

作为管理者，相信没有人会否认信任的重要性：无论是消费者对于企业的信任，合作伙伴彼此之间的信任，还是企业内部各部门各阶层的信任，对于企业的持续发展都是必不可少的。透支信任，确实可以为管理者在短期内带来大量的财富，但任何有企业家精神的管理者，都不会愿意做出这样杀鸡取卵的事来。事实上，随着社会信任危机的越发严重，越来越多的管理者正在呼吁信任的回归。究其根本，正是因为，信任才是企业最大的财富。

1. 消费者不信任商家的原因

消费者不信任商家的原因主要有以下几种（如图9－1所示）。

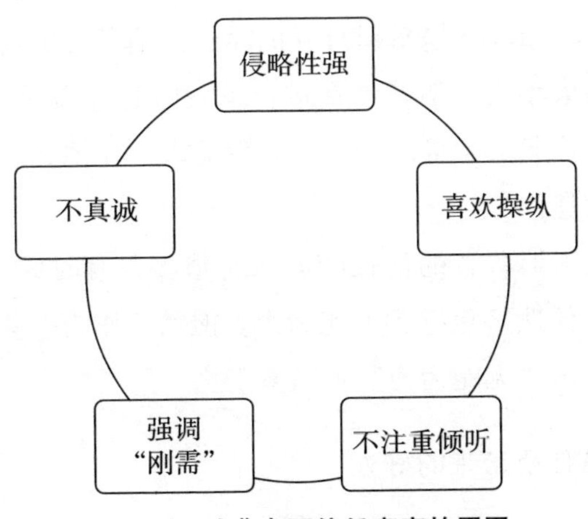

图9－1　消费者不信任商家的原因

（1）侵略性强

国内目前有一个很有名的营销流派——成功学销售，有的管理者通过

“成功学”鼓励营销人员像“疯狗”一样不遗余力地去追着消费者跑，无论客户怎么拒绝，都要以这种“坚韧不拔”的精神去“打动”消费者，无论多少次，必须获得成功为止。这是一种典型的侵略性销售，却仍然有很多管理者乐意推广这种方法。这无疑会加深消费者的抵触心理。

（2）不真诚

很多管理者都会犯的一个典型错误就是，他们一天到晚只想着如何把自己的东西卖出去。然而，消费者到底需不需要？喜不喜欢？管理者并不看重。当管理者眼里只有自己的产品的时候，消费者自然会怀疑你的真诚。

（3）喜欢操纵

有些管理者则自以为对于消费者的思维模式、行为动机都已经深入了解了，感觉自己比消费者聪明得多，便指望凭借这种“了解”“聪明”去操纵消费者。这样的方式有时候是会带来成功的，但一旦被发现，则“必死无疑”，毕竟，没有人喜欢被当作傻瓜。

（4）强调“刚需”

如今，越来越多的管理者喜欢使用“刚需”这个形容词，他们试图告诉消费者“这是你必需的”。然而，到底想不想要、重不重要、需不需要，这些都得消费者说了算。

（5）不注重倾听

在如今这样一个市场环境日新月异的时代，消费者的需求几乎时刻在变，随着物质生活的极大丰富，消费者在进行消费时越发看重自己的心理需求是否得到满足。如果你无法满足消费者的心理需求，让消费者觉得你不关心他，消费者自然不会信任你。

其实，企业失去消费者的信任的原因有很多，有时候，作为管理者，对于消费者这样的“任性”也感到无能为力。但信任作为企业最大的一笔财富，我们却不能因为一句“无能为力”而放弃努力。

2. 消费者的信任所带来的好处

（1）信任是交易发生的前提

信任是交易的必然前提，消费者决定消费可能需要很长的时间，但他们决定不消费则只需要 30 秒。管理者必须要明白，“没有信任，就没有买卖”。

而这里的信任并非通过欺骗所获得的，在信息飞速传播、消费者防范意识不断增强的今天，想要以虚假的信息获得消费者的信任，实在是太难了，而被发现的后果就是“死路一条”。

（2）信任带来重复购买

当消费者在最初的信任购买之后，良好的产品和服务则能够轻易地将消费者绑在自己的船上。消费者其实是很难的，大多数消费者在选择之后都不喜欢改变，因为改变就意味着风险。因此，消费者的信任通常能够促使他们进行重复购买。而在老客户的重复购买中，我们却只需要付出极低的一部分维护费用，其所能为我们带来的利润却是长期的，甚至是无限的。

（3）信任带来品牌推广

消费者通常乐于与人们分享自己愉快的以及不愉快的消费体验，这也是很多管理者所重视的口碑效应。一旦消费者因为信任向亲朋好友做出推荐，正面的口碑效应也就逐渐形成，企业品牌也因而得以推广，而信任缺失则会带来相反的结果。因此，管理者要把握住每一次提高消费者信任度的机会，清理掉每一个可能会降低消费者信任度的漏洞。

（4）信任的内外融通

当我们一味地强调消费者的信任时，管理者们也应当意识到，员工其实也是企业的消费者之一。员工消费的是企业文化，同时，也是企业产品和服务的潜在消费者，他们也是企业展示品牌形象的第一道窗口。如果失去了他们的信任，他们只会消极怠工，甚至在公司之外到处向人传播企业的负面消息，而这种“内部消息”往往是相当致命的。

从另外一方面来说，如果管理者获得了消费者的信任，也自然就获得了外部人才的信任。他们信任企业的产品，自然而然地就会信任企业的文化和管理模式，这就大大降低了企业的招聘和培训费用。而消费者的信任反过来也会增强员工的满意度和自豪感，从而促使员工自觉地提高工作效率。

而在我们将员工当作消费者的一分子的同时，作为管理者，我们也应当想到，在企业的运行过程中，还有另外一个重要的消费者——我们的合作伙伴。无论我们做哪一行、哪一业，我们都必然需要与上、下游企业进行合作，而在这当中，信任则是合作得以实现并维持的前提。

信任是企业最大的财富，它是企业得以发展的基础，也是管理者在面临险境得以逃生的"王牌"。当企业遭到竞争对手的诋毁时，是信任让消费者继续选择我们的产品；当管理者面临资金短缺时，是信任让上游企业允许我们赊购；当企业陷入险境时，是信任让员工愿意与我们一起共渡难关！

面对危机，坦诚是最好的办法

近年来，企业的信任危机事件层出不穷，从三鹿奶粉的"结石门"到霸王洗发水的"涉癌门"，再到康师傅矿泉水的"水源门"……而面对消费者的指责和愤怒所带来的信任危机，管理者究竟要如何处理呢？

2012 年 3 月，大众 DSG（直接换挡变速器）变速箱投诉事件爆发。面对消费者对于大众 DSG 变速箱质量问题的抗议，大众的应对是"对国内使用 7 速 DSG 变速箱的车辆提供软件升级服务"。同年 6 月，当上千车主递交"召回申请"时，大众回应道："专家对 DSG 变速箱故障问题进行了分析、调查、论证，认为尚不能认定为缺陷。"2012 年年底，台湾地区的类似案例的发生，又再次掀起波澜。而直到 2013 年 3 月，大众汽车集团（中国）、一汽—大众和上海大众才联合发表声明称，"将实施主动召回以解决 DSG 问题。"

持续了一年的 DSG 风波，让大众车主怨声载道。而又过了一年之后，2014 年，速腾"断轴门"事件爆发，面对愈演愈烈的速腾后悬架断裂问题，一汽大众发出的声明却尽显傲慢——一汽大众称："经过组织技术专家进行全面的诊断和评估，认定速腾的后悬架断裂的问题属于极个别案例，并非设计和制造过程中出现的批量问题。并将按照国家汽车三包的相关规定保证用户权益。"除此之外，一汽大众还指出"个别不明真相的用户和媒体，被互联网上一些有意散布的不实信息所误导，将速腾的后悬架个案问题扩大化，对产品形象和品牌形象造成严重影响"，并将对"那些有意散布不实信息者保留追究法律责任的权利"。

两起事件的接连爆发，让大众在国内的声誉直转急下，而如此严重的信任危机与其说是大众汽车的质量问题造成的，不如说是因为一汽大众那一贯的傲慢而呆板的危机处理方式造成的。

面对消费者购买到问题产品所受到的损失，管理者如果采取如此冷漠的态度处理危机，只会让消费者感到寒心和愤怒，而让问题进一步激化。如果说对于那些已经购买了大众汽车的车主，一汽大众并不放在心上，但当这样的事件愈演愈烈之后，还存在汽车消费需求的消费者们，恐怕会直接将大众汽车排除出候选名单吧。

2011年，丰田凯美瑞轿车的刹车问题爆发，丰田采取的处理方式是：大规模召回；丰田社长丰田章男专门飞抵中国举办大型道歉发布会。这样的处理方式，不仅没让丰田汽车因为这样的大规模召回而失去市场地位，反而蝉联当年汽车全球销量第一。

在钓鱼岛事件发生后，大量日企汽车遭到打砸，这种事情本不该汽车厂商负责。但广汽丰田却立刻采取措施：对于在打砸事件中报废的广汽丰田汽车，可以按照“受损前估价+最高2万元”的补偿标准，为车主提供换购服务或者承担保险外维修费用。

这两次危机事件的发生，不仅没有损害丰田在消费者心中的形象，相反，丰田妥善的处理措施彰显了其对于消费者的关怀和诚意，让消费者对其更为信任。

2014年1月，长安汽车CS35的机油乳化方面的投诉出现。在最短的时间内，长安汽车成立了一个由技术、质量、营销服务等部门组成的团队，对CS35问题进行调查并做出保障服务承诺。这让CS35的机油乳化事件迅速得到了控制，让车主可以放下心来。而面对车主的诉求，长安汽车又在3月4日召开媒体发布会，宣布召回和相关延保政策，并向CS35车主表达了歉意。

在这次事件处理当中，长安汽车实际上是将之当作了企业品牌营销的机会，其坦诚的处理方法也获得了卓越的成效，让长安汽车在国产汽车中脱颖而出。

从以上三个案例中，我们可以清晰地看出，面对危机事件的处理方式是否有效，最终决定了企业是否能够摆脱危机，重获信任。当企业的负面信息成为新闻头条，作为管理者我们是应该沉默、推脱还是检讨？其实坦诚是最好的处理方式。

管理者在面对危机时，必须首先为消费者着想，作为危机的直接受害者，他们理应得到管理者的重视，而坦诚的处理态度则能够最大限度地降低消费者的忧虑，减少消费者的损失，并为企业减小可能发生的信任衰减，甚至反而为企业赢得消费者更多的信任。具体来说，应该如何去做呢？

第一步，立即停售问题产品，并对问题产品进行“下架”和“召回”处理，避免更多的消费者遭受损失。

第二步，快速组建调查小组，积极调查、查明真相，找到产品发生问题的关键，并作出及时的处理和纠正，从而防止新的问题发生。

第三步，建立公关团队，尊重消费者的知情权，及时公布问题处理进度，并公开承认过错、表示歉意。切忌隐瞒真相、推卸责任。

这一点至关重要，很多管理者在面对危机时，会选择隐瞒或者推脱，担心问题会给企业带来不良影响。殊不知，这样的处理方式只会“越描越黑”。没有哪家企业可以保证产品尽善尽美，部分产品出现问题消费者是可以理解的，但在这时候，管理者一定要善于承认错误，并主动为消费者承担损失。虽然有些损失不该企业承担，但这样的处理方式，对于企业与消费者之间的相互信任却尤为重要。从长远的角度考虑，“吃亏”所树立的良好企业形象，反而会让企业在未来受益。

第四步，在公布真相的同时，配以相应的品牌宣传。通过坦诚的态度，让危机对于企业信任的伤害最小化，同时将之打造为品牌正面宣传的契机。

当然，危机公关的一个必要前提就是，管理者本身必须是诚信的，如果管理者有意做假欺诈客户的话。那么，消费者知情后必然会产生恐惧和抵制心理。这时候，管理者再如何坦诚也无济于事了。

拉公众入伙的公关思维怎么玩

我们都知道，公关，是企业与公众环境之间的一种沟通与传播关系。企业做公关的目的很单纯，就是在与周围的各种内部、外部公众建立良好关系的过程中，实现企业的宣传和营销。在正常情况，企业通过公关来树立企业形象，增强企业产品的吸引力，从而形成良好的口碑。而在企业形象出现危机的时候，公关就成了挽救企业社会形象，赢得公众信任的最佳手段。

企业要处理与公众的关系，有时候会通过塑造品牌形象来吸引公众关注，有时候会参与社会公益来增加公众信任。在这些行为过程当中，沟通与传播是最重要的，如果企业只是单向传播，那效果肯定不会太好。互联网时代，信息传播工具更加便捷，企业与公众之间的沟通与交流也更加方便。所以企业在开展公关活动的时候，一定要善于与公众进行互动，善于拉公众入伙，这样公众一旦主动地参与到企业的传播当中，公关效果将会非常惊人。

2014 年“双十一”，就在电商们为“双十一”购物节做充分准备时，苏宁易购突然做了一件让所有人既惊讶又兴奋的事。11 月 10 日，苏宁在“双十一”购物节的前一天，突然在北京、上海、广州和南京 4 个城市的

图 9－2　苏宁“双十一”前的广告

都市报上登出了巨幅广告。在广告中，一个捂着被打红一侧脸的少女站在中间，广告的顶部和底部都出现了语言辛辣的标语（如图 9－2 所示），在广告的最底部则配上了苏宁易购的 LOGO（标识）。并且在某些城市的公交站和广告牌上，这样的巨幅广告也赫然出现。

此广告一出，顿时引起了很多消费者的关注。他们纷纷拿起手机拍摄，将图片发布到微博、微信等网络社交软件上。因为苏宁的这些广告用词辛辣，且图片正是网络上的流行元素。消费者不管会不会参与苏宁易购的购物活动，都自发地参与到了苏宁广告的传播当中。虽然苏宁这次的广告投放的是纸媒，但自从纸媒上市后，从朋友圈到微博，很多消费者的社交软件都被刷屏讨论。而#打脸双 11#（如图 9－3 所示）瞬间冲进微博热门话题小时榜，该微话题阅读量 2.1 亿次，讨论度达到 4.9 万次，总计超过 30 家媒体，20 家自媒体的微信号，30 余个媒体大 V 微博相继发布和转发，获得了公众的广泛关注。

图 9－3　打脸双 11

> 在大量的公众被卷入这场轰轰烈烈的公关传播事件中后，苏宁易购的相关负责人称，苏宁只是想呼吁公众理性消费，同时也是希望在这个相对开放的市场里能有平等竞争的环境。

我们且不谈苏宁的这场公众传播到底是针对谁，单就其传播效果来说，绝对是其他公关事件不能比拟的。在短短的时间里，其广告的网络传播效果就达到了普通公众传播效果的数倍。不管与苏宁有没有关系，不管会不会购买苏宁的东西，参与传播的公众已经在心理上或多或少地接纳了苏宁的广告信息，他们在接纳后又主动承担传播者的角色，让苏宁的公众传播效果呈几何级放大。

从苏宁“双十一”的这个公众传播事件中，很容易就能看出苏宁成功传播的核心，那就是拉公众入伙。只要公众和企业站在一起成为一伙了，那企业与公众的关系就不用担心了。苏宁的这个事件带给企业管理者怎样的公关思维呢?

首先，要善于发掘公众内心的软肋，以流行元素吸引公众关注。我们都说纸媒硬广已经衰落了，但是毕竟纸媒在公众权威性上还是有一定的影响力的。苏宁正是抓住了公众的这个心理，在报纸上刊登巨幅广告，但是广告元素却是网络流行元素，这样一来倒显得这些广告十分新奇，公众自然会被吸引。

其次，要引发公众内心的共鸣。企业公关要想让公众入伙，就必须打动公众的心。就像苏宁相关负责人所言，他们只是想呼吁公众理性消费。公众已经被泛滥的“双十一”广告轰炸得失去了抵抗力，苏宁突然送来一些关怀，这无疑触动了公众的心弦。

最后，要充分利用互联网时代的信息传播工具，充分发挥新媒体的力量，让公众形成自发传播之势。我们在营销新思维中曾提到过新媒体营销思维，其实公关和营销并没有明确的界限。当企业进行公关传播时，当下最流行的新媒体是传播的重地。如果公众不能在微博、微信朋友圈等社交软件上自发传播，苏宁这次的广告绝对不会有这么大的影响力。当然，要让公众自发传播，除了上面所说的触动公众的内心，还要让传播的内容具备流行元素，能够让公众产生讨论。对于苏宁的广告词，公众是有争议的，但正是这种争议，给了这次事件传播的动力。

此外，企业还要注意引导公众朝着正向的方向传播。企业通过公关活动就是要塑造美好的正面形象，如果公关传播做得非常有影响力，但是最终却是贬低了企业的形象，那这样的公关是得不偿失的。

在结束了“双十一”活动后，所有的电商又迎来了“双十二”促销活动。令公众没有想到的是，苏宁趁着“双十一”广告的余热，又对“双十二”活动进行了公众传播。这次传播，苏宁选择了2014年年底最流行的网络时尚词，配上了犀利的图画，再次引爆了网络公众传播。

我们不需要去讨论苏宁这次传播的具体细节，我们需要关注的是，在这一次次的公众传播过程当中，苏宁用到了哪些公关传播的策略和思维，又是怎样一次次拉公众入伙，让公众主动成为苏宁广告的传播者的。

苏宁“双十一”和“双十二”的公关传播都采用了近乎相同的传播方式，其巨幅的广告、犀利的画风、辛辣的广告词、最流行的元素等，无一不是在瞄准互联网。移动互联网让公众的手机成为传播信息的原始也是最终窗口，只要事件足以吸引公众的眼球，那么在短时间内，整个互联网就会传播开来。在过去，很多企业做公关的时候，借助的都是纸媒、电视、广播等媒体，在互联网发展到一定程度的时候，又开始借助互联网进行公关传播。到了今天，我们说企业做公关传播，几乎等同于企业做网络公关传播，互联网已经成为公关传播的主要阵地。苏宁即使在纸媒上刊登广告，其最终的目的地还是网络。说得准确点，其目的地是包括手机、平板电脑等在内的移动互联网客户端。

拉公众入伙一起进行公众传播，不仅仅是说公众传播信息本身，它也包括传播的工具。互联网时代是人人关注手机客户端的时代，是“低头族”通过手机传播信息和获取信息的时代。企业在进行公众传播的时候，一定要考虑到公众的信息传播习惯，善于借助时代的大局势引爆传播。

另外，苏宁在进行公众传播的时候，非常善于把自身的传播信息嫁接在当下最流行的事件之中。我们看苏宁“双十二”广告中的语言，“我的项链2000块”“连100块都不肯给我”“我和你什么仇什么怨”这些语言是刚刚发生的社会事件当中的语言，经过网络的传播，这些语言成为了网络流行语。苏宁非常巧妙地捕捉到了这些流行语，并且很自然地嫁接在自己的广告当中。公众在接触这些传播信息的时候，并不会产生排斥之感，反而会被吸引。加上这些流行语本来就已经具备了一定的传播基础，苏宁的广告传播便不费任何气力就轻松夺得了公众的眼球。

在企业的公关过程当中，有的企业总是想着通过制造各种各样夺人眼球的事件来传播，有的企业喜欢砸重金铺放广告进行传播。但这些传播方式都没有办法让公众主动参与进来。互联网时代，人与人之间渴望互动，渴望交流和讨论，企业的公关信息只有迎合了消费者的这些需求，公众才能真心加入，并主动承担起传播者的责任。

值得企业管理者注意的是，企业做公关时，一定要善于甄别那些不适合企业公关传播的元素。并不是说任意一个网络流行语、流行事件都能拿来用，都能拿来嫁接。有的网络流行事件在某个时间段内可能传播得很红火，但是它的生命周期可能很短，等企业拿来用时，这个流行的势头已经过去了，企业不但收不到良好的公关效果，还有可能带来负面的公众效用。

企业的管理者更要注意，公众传播的目的是树立企业的良好形象，千万不要贸然借助那些负面的时间和流行语来进行公众传播。在传播的过程中，企业也要有意识地引导传播。公众在传播过程当中有时候盲从性比较大，如果不注意引导，可能就会出现负面效应，给企业带来极大损失。

娱乐是最好的公关

在一些企业管理者的思维中，公关是一件非常严肃的事情，尤其是遇上危机公关的时候，需要开发布会、向媒体解释等，非常正式、非常严肃。实际上，在娱乐至上的今天，消费者的口味趋向于娱乐化，企业的很多公关传播行为完全可以以娱乐化的方式进行。娱乐化的公关传播方式，如果应用恰当，会有以下几个好处。

1. 适应互联网时代的娱乐化发展趋势，迎合公众的口味

随着人们生活节奏的不断加快，人们在工作和生活中承担了太多压力。所以在休闲的时候，人们都喜欢通过那些娱乐化的资讯和内容来疏解压力，轻松诙谐的东西往往更能引起公众内心的共鸣。只要我们稍稍关注网络上的热点，

就会发现很多网络电台、网络剧、微电影等，都以娱乐化的方式来传播信息。而娱乐化的信息也往往比较容易成为公众的关注热点，为什么娱乐圈有任何风吹草动，公众就人人皆知？就是因为娱乐信息更能引起消费者的兴趣。

比如2014年百事可乐在上海做的一次公关营销就是应用了娱乐化思维。游戏在互联网时代越来越火，很多人在休闲的时候就以玩游戏来放松，其中“节奏大师”就是人人爱玩的一款游戏。而百事可乐一直塑造的品牌理念是“把乐带回家”。为了体现“把乐带回家”的理念，百事可乐把微电影《我们把乐带回家》的主题曲植入了“节奏大师”中，并在上海地铁里安置了LED屏幕。当人们乘坐地铁时，就可以在LED前人机互动，玩巨型的“节奏大师”（如图9－4所示）。在玩游戏的欢乐中，百事可乐“把乐带回家”的理念也就无形中深入人心了。

图9－4　上海地铁里的人机互动

2. 娱乐化的公关传播方式更容易转移公众的注意力，从而减弱危机事件对企业的伤害

企业的公关很大一部分其实都在做危机公关，当企业发生危机事件，影响到企业的形象和利益的时候，企业必须立刻启动公关手段，消除不良影响。但如何以最好的方式让消费者在不知不觉中转移注意力，这是企业公关的难点所在。有的企业在遇到危机时，不但能够以娱乐化的方式转移注意力，还能利用危机给企业做一次实实在在的营销。有的企业在遇到危机时，却完全乱了阵脚，不知道如何面对，总想着掩盖。殊不知，越掩盖越让公众觉得企业有问题，企业的形象和利益受损是必然的了。

在 2014 年 9 月，新京报曾报道，万达集团董事长王健林之子王思聪以侵犯名誉权为由将广州网易计算机系统有限公司（简称网易）、北京搜狐互联网信息服务有限公司（简称搜狐）起诉至法院。王思聪要求法院判令网易和搜狐停止侵害，并删除侵权的网页，还要求两位被告赔礼道歉并分别赔偿精神损害抚慰金 20 万元。随后，王思聪在自己的新浪微博账号上发布声讨微博“虽然现在的媒体也都是清一色的用浮夸的标题和添油加醋的内容来博取眼球，但是纯粹的无中生有和捏造、假冒证据来产生话题就有点过了吧？在我心目中，记者和媒体起码得有点底线吧”。并且王思聪还发起了#卸载网易客户端#的话题活动，在短短的时间内，就有大批网友参与话题互动。

针对这一危机事件，网易很快做出了自己的回应。但是这一回应却让众多的网友大为意外。在王思聪发表微博不久，@网易新闻客户端官方微信账号转发了王思聪的微博，并在转发语中写道：老公，你说的对！发文章的小表砸也已经被我卸了！永远支持你！么么哒！（如图 9－5 所示）

对于企业官方微博来说，如此卖萌、娱乐化的回应，让网友们根本按捺不住娱乐的冲动，他们不断转发这条微博，并不断恶搞出众多的版本。一件本来很严肃的事情，在网易娱乐化的解决方式中很快就被消解了。公众的关注点从网易侵权的事情上转移到了网易卖萌娱乐的回应上。公众不再关注网易是不是真的侵权，而是参与到微博话题的讨论当中，尽情娱乐。

█████████, //@网易新闻客户端:老公，你说的对！发文章的小表砸也已经被我卸了！永远支持你 ！么么哒！//@王思聪: 虽然现在的媒体也都是清一色的用浮夸的标题和添油加醋的内容来博取眼球，但是纯粹的无中生有和捏造、假冒证据来产生话题就有点过了吧？在我心目中，记者和媒体起码得有点底线吧。

@南方都市报

【王思聪起诉网易搜狐：我没花千万为兔女郎拉票】因被报道"掷千万为兔女郎总选举投票"，王思聪以侵犯名誉权为由，将网易、搜狐分别诉至法院，要求判令二被告停止侵害、删除侵权网页，赔礼道歉并分别赔偿精神损害抚慰金20万元。目前，朝阳法院已正式受理这两起案件。@新京报

http://t.cn/RhljBYX

9月12日 10:22 来自 微博 weibo.com　　转发 31847 | 评论 3723 | 4927

图 9－5　网易新闻客户端官方微信转发图

很多人觉得网易在微博的回应当中无下限卖萌，是为了公关而做出的无节操行为。但是站在网易的角度来说，这样的解决方式是最稳妥的解决方式。况且，略带搞笑和娱乐的回应，并没有损害网易在公众心目中的形象。如果非要将这件事提升到严肃的层面，那公关也就失去了意义。

3. 娱乐化的公关传播思维更容易让企业借势娱乐事件展开营销，从而以最小的成本获得最大的收获

在公关领域内，经常有企业借势一些娱乐事件，巧妙植入企业的品牌，从而以最低的成本提升企业的形象。这一公关方式比较能够考验企业公关团队的公关能力，因为一旦借势娱乐事件操作不当，很容易对企业的形象造成误伤，得不偿失。

2014 年 6 月国内上映了美国大片《变形金刚 4》，在片中有很多国内品牌都进行了品牌植入，希望借势这部电影提升品牌知名度。但是因为很多品牌的植入比较生硬，公众并不买账，一些品牌还遭到了观众的抵制。令人意外的是，国内的一个名不见经传的牙膏品牌却因为《变形金

刚4》赚得钵满盆满。这个牙膏品牌并不是《变形金刚4》的赞助商，它为什么能借势《变形金刚4》的效应呢？因为这个牙膏品牌想了一个非常巧妙的办法，他们邀请《变形金刚4》的主演之一李冰冰做形象代言人。这样一来，《变形金刚4》的公众影响力就被该牙膏品牌巧妙地利用到了其品牌形象中。

当然，娱乐化的公关传播方式还有其他的好处，在这里我们就不一一赘述。企业管理者需要做的是，要从这些成功的娱乐化公关方式中获取自己企业公关的新思维，以便在未来的企业发展中更好地塑造企业形象和品牌。

企业管理者要打破过去严肃的公关思维，善于将公关传播娱乐化。其实任何事情都有多面性，只要企业能够完整地陈述事实，让公众明白地知晓事情真相，采取什么样的方式并不会影响公众对事件的判断。那企业为什么不可以用公众最容易接受的娱乐化方式来做公关呢？不过，娱乐化的公关千万不要用在死亡等过于严肃的事件当中，那样会适得其反。

企业管理者还要善于借力娱乐事件，巧妙公关，达到事半功倍的效果。在企业的发展过程当中，所有人都在讲效率，那什么才是企业的效率呢？当然是以最低的成本完成最多的事情，达到最好的效果。企业借力娱乐事件巧妙公关就有这样的效果，或许企业只是付出了极小的成本，但因为方法得当，其公众传播效果是非常好的。

企业还可以自己制造娱乐话题，引发公众关注，从而塑造企业形象。这样的策略对那些跟娱乐本身就比较搭边的企业来说比较合适，因为对他们来说，制造一个足以引起公众关注的娱乐事件并不难。这样的企业能够把控制造的娱乐事件产生的效应，所以使用起来也比较省时省力。比如有的传媒公司为了提升知名度，会通过炒作一些艺人来吸引关注，会通过一些娱乐事件来引发讨论等。

总之，娱乐化的公关思维是企业管理者值得借鉴和使用的一种思维，只要善于策划，能够把控公关的传播节奏，找准公众的真正关注点，最终的公关效果是非常惊人的。互联网时代，只有善于借势的企业才是顺应时代潮流的企业，管理者具备新的公关思维，就能为企业的发展锦上添花！

让公关不像是“公关”

2014年6月，据权威数据统计，中国的网民总数已经达到了6.33亿，而手机网民的数量就高达2.27亿，并且每人每天花在手机上的时间是5.8小时。移动互联网已经成为人们生活中必不可少的陪伴。面对这样的时代变局，企业的公关究竟该何去何从呢？

很多企业总把公关当作是发生危机时的救急手段，在企业正常的发展过程当中从来不重视公关的作用。这样导致的后果是危机公关时企业往往手忙脚乱，捉襟见肘。在互联网时代，媒体工具的变革已经深刻地改变了消费者，也改变了企业。从某种意义上来说，企业不再是单纯的企业，而是要承担起媒体的责任，常态化地向公众传播信息。所以也有人说，每一个优秀的企业，未来都首先是一个优秀的媒体。

企业要承担起媒体的责任，就必须将公关常态化，让公关成为企业必不可少的一部分，让企业的公关不再像是公关，而是如春风化雨般潜入公众的意识当中。要做到这一点，企业管理者就必须转换思维，坚持几个原则（如图9-6所示）。

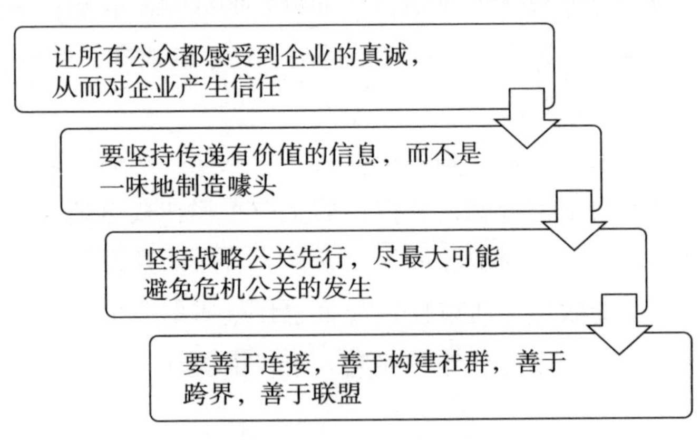

图9-6 企业的原则

1. 企业必须保持真诚，让所有公众都感受到企业的真诚，从而对企业产生信任

之前我们说过，信任是企业最大的财富，失去了公众的信任，企业将无路可走。要获得公众的信任，企业就必须时刻以真诚的态度面对公众。不管是信息传播，还是企业发生危机时的澄清，都必须及时、真诚。纵然企业因为疏忽给公众造成了不良影响，只要企业以真诚的态度面对公众，公众肯定会给企业以改正的机会，还会继续支持企业。至于企业管理者如何引导企业保持真诚，在上面我们已经提到，就不再赘述。

2. 企业在公关过程中要坚持传递有价值的信息，而不是一味地制造噱头

很多企业管理者总觉得公关就是吸引公众注意力以辅助销售，这完全是错误的。公关是构建企业组织与公众之间的传播关系，虽然吸引注意力是公关的一部分，但不是全部。有的企业经常制造一些无厘头的噱头来博得公众关注，在一时之间可能会起到一定的作用。但从长远来说，公众都有自己的判断，欺骗根本解决不了问题。

比如这几年很多企业都在大力宣传所谓的“智能电视”。有些企业在宣传“智能电视”的时候，夸大了很多东西。消费者真正用到智能电视的时候，才发现智能电视粗制滥造，系统混乱不堪，应用少得可怜……仅仅顶着“智能”的名号却要比普通电视贵出很多。面对这样的情况，消费者怎么可能买账？一些企业见这一招不灵，又继续炒作双核 CPU（中央处理器），深度定制系统等噱头，希望再次博得消费者的关注。但是消费者每天都被各种信息轮番轰炸，一旦他们被欺骗过一次，就再也不会关注了。

3. 坚持战略公关先行，尽最大可能避免危机公关的发生

有人给企业公关分了几个层次，最常见的就是日常公关，其次是危机公关，最高层次的是战略公关。而很多企业用得最多的，就是危机公关。殊不知，日常公关和战略公关都是为避免危机公关而存在的，只不过这两种公关方式没有危机公关名气大罢了。

这就如中国古代扁鹊的故事一样：

有人曾问名医扁鹊：你们家兄弟 3 人，都擅长医术，但是你觉得谁的医术更好？扁鹊回答说，老大的医术最好，老二的医术其次，我的医术最差。此人很是惊讶，问为什么大家都只知道扁鹊的名声，而不知道其他二人呢。扁鹊回答说，老大看病都是在病情发作之前就给病人解决了，所以病人根本不知道自己有病，且被治好了；老二看病是在病刚发作时，这个时候病情不严重，所以被治好后病人觉得自己只是得了小病；而我治的病人，都是病入膏肓的人，给他们治好后，他们就觉得我很厉害。其实，我哪里比得上老大和老二呢？

企业公关跟扁鹊治病是一个道理，企业的管理者千万不要等着企业病入膏肓的时候才想着给企业“治病”，一定要防患于未然。这样别人根本看不到企业做过公关，可以达到无招胜有招的境界。

4. 企业公关要善于连接，善于构建社群，善于跨界，善于联盟

这个时代的传播技术和传播方式已经发生了革命性的变化，企业的公关方式必须要跟上时代的变化，并不断寻求新的突破。

互联网让整个世界都连接起来了，企业和个人成为这张大网上的一个个节点，而物联网又让世界上所有的物体都连接在一起。企业的公关传播就必须以“连接”的思维来进行，要时时刻刻保持与世界的连接。不管是企业的官方网站、微博账号、微信账号、二维码，还是手机客户端，都要最大限度地连接公众，让公众与企业心灵相通。

我们也曾提到过粉丝经济，企业要想扩大影响力，就必须培育自己的粉丝，构建属于自己的社群。不管是什么样的企业，总会有一批忠实的消费者陪伴着企业的发展，如果企业善于维护这些忠实客户，通过他们扩大企业的口碑和影响力，企业的公关就会轻松很多。

至于跨界和联盟，这是当下电商和新媒体比较常用的手段。企业在公关过程中可以适当借鉴。总之，企业公关的思维是多种多样的，时代无时无刻不在变化，管理者一定要紧跟潮流，以新型思维和方式做好企业公关！

第十章
当柳传志开始卖猕猴桃——创新思维

创新思维是每个时代领导们常说常新的思维方式。任何时候企业要是失去了创新，它就可能倒在明天。阿里巴巴、腾讯、万达地产等，无一不在创新中生存和发展。管理者要培养自己的创新思维，就要懂得多方位、多角度地寻求突破，懂得在学习借鉴中走向未来。

不创新，就会倒在明天

“不创新是等死，创新就是找死。”在经济高速发展的今天，大多数传统的经济模式都已经是“前人走过的路”，这时候的故步自封只会让自己“倒在明天”，而创新虽然是“找难受”，却能够让人绝地求生。

作为管理者，我们每个人都懂得创新的重要性。然而，创新究竟是什么呢？创新不是把别人的东西换一个外壳、包装，不是把一堆莫名其妙的东西放在一起，也不是管理者整天挂在嘴上的口号，而是真正以新颖独创的方法解决问题，从而产生新颖的、独到的、有社会意义的思维成果。

作为“航母级”企业联想的创办人以及现任联想集团董事局名誉主席，柳传志的一生都可以称作是一段传奇。2009 年，柳传志更是被英国《金融时报》评选为“新世纪十年改变世界的50 人”！正当我们猜测这位已经年近古稀的传奇人物何时会退休的时候，柳传志却在2013 年年底干出了一件出人意料的事。

“这个猕猴桃是黄色的，吃上去口感肯定和绿色的不一样。猕猴桃这种水果营养非常丰富，据说有人吃完了以后白头发可以变黑，没头发可以长出头发，我就为这个特别欣赏猕猴桃。”在 2013 年年底央视财经论坛上，柳传志连着三天，一直在为他的水果吆喝。

其实，联想进军农产品市场早已不是新闻。早在 2010 年 7 月，联想就正式成立了农业投资事业部，开始涉足现代农业投资领域；2012 年 8 月，联想控股的佳沃集团，在原联想农业投资事业部的基础上正式组建成立，并独立运营。

之所以选择投资现代农业，柳传志有着自己的考虑：随着中国经济和社会的进一步发展，消费者的需求早已不再局限于吃饱穿暖，而是开始追求安全、高品质的农产品及食品，但相关产品却严重供给不足；要改变这一现状，其根本就在于中国农业的现代化。因此，当柳传志看到这样一个供需矛盾日益突出的市场时，自然会生出一些“小心思”，联想也随之成立农业投资事业部，进而成立佳沃集团，以推动农业产业加速向规模化、标准化、集约化和品牌化发展。

安全、高品质的农产品需求，说到底还是产生于经济状况良好的消费者群体之中。因此，从一开始，柳传志就选择了从高端水果这样相对分散的全新领域进入，并选择了蓝莓和猕猴桃作为“先行军”。2014 年 10 月 15 日，“柳桃”在国内知名自媒体“逻辑思维”的微店预售，4 个猕猴桃开价 79 元，却在 5 小时内卖光 10000 份！

“柳桃”为什么能在如此高昂的价格下，还卖得这么火？柳传志卖的真的只是一个猕猴桃吗？当然不是，柳传志所卖的正是创新。

“我们是做 IT（信息技术）出身的，用 IT 的思维来做农业，这是我们的长项。”柳传志在面对记者采访时说道，“以前中国食品之所以不安全，很大问题就是因为小农经济、土地都是碎片式的，农业技术根本没法使用。现在利用新的土地改革政策，使农业科技和企业管理能够充分发挥作用，还能够树立起自己的品牌，从中获得赢利的空间，这就是我们想做的事情。”

柳传志对于农业模式真正实现了创新：在联想的农业模式下，通过互联网和信息技术，保证全产业链控制以及全过程可溯源，也就是说，消费者买到这些命名为“柳桃”的猕猴桃之后，甚至可以追溯查到它们是在哪块地上种的、什么时候施肥的、施的什么肥、什么时候采摘的、怎么运输的……除此之外，联想控股还帮助农场主或农民融资，以扶持他们的发展，而最终实现的利润中，有 70% 都归经营户所有，只有 30% 收归联想。

除了农业模式之外，柳传志还对水果品牌的推广进行了改革。他认为，除了要不断地传播和信息轰炸外，还需要全球化的视野作为补充。从联想布局农业开始，其视野就已经超出了一般的传统农业经营者，不再局限于一市、一省、一国，而是积极在南半球寻早合作伙伴，从而利用南北半球的季节差，试图实现全年提供新鲜、高品质水果。2012 年 2 月，联想就在智利收购了五家水果种植企业，2013 年 12 月 3 日，柳传志还亲赴佳沃集团位于智利首都圣地亚哥附近的一个提子农场考察，并参观了位于该农场 300 千米外的一处水果分拣包装工厂，对于提子从种植到采摘、运输，再到送达消费者的全过程，进行了详细的了解。

而在营销方案上，“柳桃”同样不走寻常路，选择了以名人的个人魅力和励志概念吸引眼球，并与已经有些名气的“褚橙”进行合作，以电子商务模式进行销售。在2013年年底，通过将褚时健的“励志橙”和柳传志的“良心果”进行打包，368元的五千克“褚橙柳桃”组合装迅速走火，而其选择的电商平台也是著名生鲜电商“本来生活网”。

说到这里，倒是可以稍微提下“褚橙”的创新之路。其实，“褚橙”的创新正是在于将农产品与名人进行绑定，“褚橙”的成功离不开褚时健的个人魅力。

> 褚时健51岁时任云南玉溪卷烟厂厂长，用18年的时间将这个陷入亏损的小烟厂打造成亚洲最大的烟厂，为国家创造税收达991亿元；70岁时女儿自杀身亡，71岁时因“经济问题”被判无期徒刑；74岁时因罹患糖尿病保外就医；75岁在哀牢山承包2000亩荒地种橙；84岁实现果园年产橙子8000吨，利润超过3000万元。王石曾经评论他说，“衡量一个人的成功标志，不是看他登到顶峰的高度，而是看他跌到低谷的反弹力”。也正是这样一个人，将原来收购价不过几毛钱一斤、零售价2.5元一斤的云南冰糖橙卖到了15元一斤，并且销量一路上涨！

其实，柳传志进军现代农业的根本优势只有两点。

其一，先进的管理经营模式。“中国是小农生产，整个农业产业非常落后。我们能够把企业化的、市场经济的先进管理理念和管理模式带进来，像连锁化的种植模式，建立龙头企业和农民合作社的先进经营模式。”

其二，先进的科技手段。把先进的互联网和信息技术用到农业当中，既能保证食品安全，也能保证农业效率的提高。

正是用这样新颖独创的方式做农业，柳传志才能在即将迈入古稀之年，还能拿出“柳桃”震惊市场。而可以预计的是，佳沃集团的成绩也将不止于一个小小的“柳桃”！

与其重新创造，不如去整合资源

对于大多数管理者而言，重新创造的创新并非易事，思维定式的存在实在是难以突破。毕竟，如蒸汽机、计算机、互联网这样时代性的发明创造，在整个人类发展史中都少之又少。管理者与其去追求在重新创造中实现革命性的创新，不如尝试在整合资源中走出一条新路。

柳传志在带领联想走现代农业创新之路时，除了对于传统农业技术和管理模式的创新之外，更多的其实正是对于农业资源的整合。

为了真正地实现农业的规模化、标准化、集约化，柳传志首先做的就是——“革掉小农经济的命”：2012 年，佳沃集团成立之后，为了加速推进自身发展，佳沃陆续并购了拥有万亩蓝莓基地、种苗中心、加工厂、品牌销售团队的青岛沃林蓝莓果业有限公司，以及拥有万亩猕猴桃金果种植园和独立知识产权猕猴桃品种的四川中新农业科技有限公司，并在山东、四川、陕西、河南、湖北、安徽等地建立起规模化的蓝莓和猕猴桃种植基地，由此一跃成为了中国最大的蓝莓全产业链企业和最大的猕猴桃种植企业。

在这样的大规模并购中，我们看到的不只是对于土地资源的整合，还有对于农业产业链的全面整合。面对农业“靠天吃饭”和市场供求信息滞后的风险，为了防止价格暴跌，佳沃集团正在布局相关的食品加工业，从而在农产品价格暴跌时，让下游制造业趁机以低价吸收原材料，将蓝莓制成蓝莓干、蓝莓酱等不受季节和保鲜影响的产品。这样全产业链的互补布局，能够极大地抵御农产品市场可能出现的风险。

如今，在中国市场上，管理者与其重新创造，不如去整合资源。所谓的整合资源，就是管理者在对于不同类型的资源进行识别之后，进行选择、汲取、配置和融合，使之更具柔性、条理性、系统性和价值性，通过摒弃无价值的资源、整合有价值的资源，从而以新的核心资源体系，带领企业走上一条“死里求生”的新路子。而具体如何去做？管理者则需要根据企业的实际情况进行选择（如图 10－1 所示）。

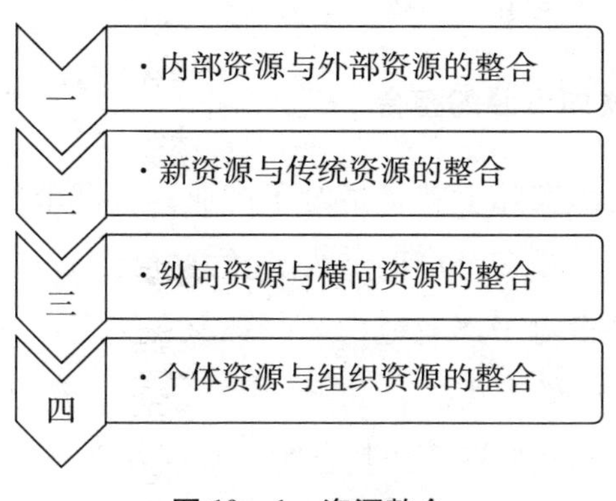

图 10－1　资源整合

1. 内部资源与外部资源的整合

在企业的不断发展中，企业必然已经积累了相当多的内部资源，这些虽说是企业的底蕴所在，但也可能在长期的积累中冗余出一部分杂质。管理者在进行内部资源与外部资源的整合时，更重要的还是在于去粗取精。

而在这样的“去粗取精”中，我们仍然要以企业内部资源为基础，毕竟，我们整合资源是为了通过较为温和的方式去实现改良创新，而不是真的进行大刀阔斧的改革。管理者应当识别出那些与企业内部资源相适应的外部资源，通过企业并购等形式将之与内部资源进行有效的融合衔接。在此过程中，对于企业内部长期累积的负面资源则需要进行剔除，进行适当的业务外包，从而充分发挥内外资源的效率和效能。

2. 新资源与传统资源的整合

传统资源通常是管理者们可以信手拈来、任意玩转的资源形式，然而，在新技术、新资源不断涌现的今天，如果我们还固守于传统资源，我们的生产效率也无法提高，最终只会被别人给整合掉。当最为传统的农业都已经遭到了新资源的“入侵”时，我们又怎么还能安然自若呢？

在互联网与信息技术高速发展的今天，新技术正是当今时代最重要的新资源。随着国家和社会对于知识产权和技术专利的越发重视，我们更应该尽早地识别出与传统资源相适应的新资源，从而进行有效的融合，以新资源提高传统资源的使用效率，并通过对传统资源的合理利用激活新资源，让其在循环往复中，实现企业竞争力的螺旋上升。

3. 纵向资源与横向资源的整合

在这里，纵向资源实际上就是指对于产业链各环节资源的整合，管理者既可以与产业链上两个或多个厂商结为利益共同体，也可以直接进入其他环节。而横向整合则是指对于产业链中某一环节各类资源的有效组合，从而提高对该环节的资源的有效利用。

在进行纵向资源与横向资源的整合时，管理者不妨问自己这样几个问题：自己是否处于产业链上最有利的位置？自己是否在做最适合自己、最能发挥自己优势的工作？如果不是，自己在哪些环节上没有相对优势？又应该整合哪些具有相对优势的资源？如何去整合？而在自己所关注的环节中，又有哪些资源可以重新组合，提高该环节的效用和价值？在产业链外，又是否有资源可以与自身实现有效互补？

作为管理者，当我们找到这些问题的答案时，自然也就知道该如何在纵向资源和横向资源的整合中，找到并占据自己在产业链当中最为合适的位置，并以产业链外的资源巩固我们在目标位置上的地位。

4. 个体资源与组织资源的整合

中国改革开放带来了社会经济的大发展，而在这样的过程中，社会资源却显得极为分散。“小农经济”思维对商业社会的影响，就是社会中存在大量的个体企业和小微企业。不可否认的是，他们的存在对于经济的发展有所裨益。但与此同时，大批的同业者带来的是行业内同质化竞争严重，使得个体在“价格战”中利润微薄，资源也在一定程度上有所浪费。

因而，管理者在整合资源时可以从对个体资源与组织资源的整合做起，将零散的个体资源进行系统化、组织化的整合，使之不断地融合到组织资源当中。在这样的过程中，组织资源也可以迅速地融入到个体资源的载体中，从而激发个体资源载体的潜能，实现个体资源和组织资源的共同发展。

国内最典型的个体资源与组织资源整合的案例当属阿里巴巴，阿里巴巴通过淘宝平台，将数以万计的小卖家整合到一起，一方面，为阿里巴巴本身带来了庞大的流量；另一方面，也为小卖家提供了一个宣传、发展、交易的平台。

对于管理者而言，重新创造不仅意味着极大的难度，更意味着极大的风险，而整合资源，则能够帮助管理者以相互温和的方式，在对先有资源的重新组合中，实现企业竞争力的大幅提升。

在有“天花板”的地方捅破天花板

行业有天花板吗？那就在有“天花板”的地方，捅破天花板。很多管理者认为行业有“天花板”、市场有“天花板”，觉得做到一定地步就“做到头”了，没办法继续做下去了。但如果我们敢于捅破我们所认为的“天花板”，就会发现一片新的天地。

在2010年，联想年度营收166亿美元，跌出《财富》杂志的“全球500强企业”名单，有很多人认为联想已经到达了它的“天花板”。近两年来，随着移动智能终端的快速普及，关于“PC已死”的言论也是甚嚣尘上，关于联想“天花板”的问题再次引起业内人士的关注。然而，事实果真如此吗？

联想公布的2013—2014财年第四季度及全年业绩报告显示：联想全年总销量再创新高，共售出5500万台电脑、5000万部智能手机以及920万台平板电脑；全年营业额达387亿美元，年比上升14%，全年除税前溢利年比增长27%，达到10.1亿美元外，全年赢利上升29%，达到8.17亿美元。

而截至2014年9月30日的2014—2015财年上半年，联想营业收入达到208.7亿美元，较去年同期的185.61亿美元同比增长12%；净利润为4.76亿美元，较去年同期的3.94亿美元同比增长21%。

其中，在广义个人电脑领域（个人电脑和平板电脑），联想更是首次成为全球第一大厂商，市场份额达14.1%，比2013年同期上升1.2%。其中联想集团在全球的平板电脑销量达到300万台，比2013年同期上升30.6%，以及在中国以外地区销量的增长和个人电脑业务的强劲表现，联想连续六个季度成为全球最大个人电脑厂商，季度市场份额节节攀高，比去年同季度上升从2.1%～19.7%。

而在智能手机领域，联想智能手机的销量也比2013年同期上升高达38%，季内继续保持第四位。然而，在2014年10月30日，联想完成对摩托罗拉移动的收购后，其在智能手机市场也随即晋升成为全球第三位。

看到这样两份“含金量”颇重的财务报告，相信没有人会认为联想到达了自己的“天花板”了。那么，联想如此辉煌的业绩是否只是“回光返照”呢？联想集团董事长杨元庆在接受采访时表示，联想在未来仍然会保持增长的态势，其理由有三。

其一，个人电脑市场。2014年上半年，个人电脑在欧洲、北美、亚太成熟市场已经回暖，开始正向增长，这一趋势还会持续；而根据经验，中国、印度、拉美等新兴市场也会在半年之后逐渐回暖，而在惠普、戴尔等竞争对手逐渐放弃或放松PC业务的今天，联想将会成为下一波市场回暖的最大甚至是唯一受益者。

其二，移动市场，主要是智能手机业务。在中国市场，联想手机目前已经做到了销量第一，要知道，中国也是全球智能手机竞争最激烈的市场。而在接下来的一段时期内，联想都会把智能手机增长的重心放在海外，比如东欧、拉美、印度和东南亚等市场；另外，在完成对摩托罗拉业务的收购之后，杨元庆也对其赋予了重望：“希望通过联想集团的有效整合，摩托罗拉可以重回衰退前的顶点。”

其三，企业级市场。联想于2014年年初收购了IBM公司旗下X86服务器业务，这项业务目前尚未整合进联想。但在中国，以联想云服务为主的联想服务业务，在2014年上半年已经实现增长超过30%。

事实也确实如此。在个人电脑出货量连续两年的衰退中，惠普、戴尔等个人电脑厂商已经不再将个人电脑看做是一个好生意，他们或选择了战略摇摆、或选择了战略放弃，而联想仍然坚持认为：“个人电脑还是一个好生意，一个每年出货量超过2.5亿台，价值数千亿美元的生意。”而随着对摩托罗拉移动、IBM旗下X86服务器业务的收购，联想在不久的将来，必然会走上一个新的台阶。

那么，当大多数人都认为联想已经到达“天花板”，个人电脑已经到达

“天花板”的时候，联想究竟是怎么捅破“天花板”的呢？

1. 多元化模式

多元化发展模式，是管理者触及天花板通常会选择的手段。合理的运用多元化模式也是极为有效的，通过进驻多个市场，能够极大地扩大生存空间。个人电脑市场的萎缩是不可改变的事实，但个人电脑仍然有着广阔的市场需求，在这种情况下，自然不能选择直接放弃个人电脑市场，更何况个人电脑还是联想的“发家产业”。但为了开拓生存空间，则可以借助个人电脑业务积攒的资源、技术、品牌优势，进驻平台电脑、智能手机市场。

2. 国际化模式

很多行业的领先者在触及“天花板”时，都会选择发展国际业务。然而，很多管理者的国际化布局更多地着眼于发达国家，要知道，由于立足点较高，发达国家企业选择国际化就像是一场“居高临下的俯冲”，而发展中国家企业向发达国家进军则是一场“艰难的仰攻”。因此，如联想一样，在开拓美国、欧洲发达国家市场的同时，管理者更应该将目光投注于南美、中东、非洲、亚太等发展中地区。

3. 产业转型

在很多管理者看来，产业转型是一场“革命”，意味着企业必须调转船头、重新开始。事实上，产业转型其实并没有那么难，当联想收购了 IBM 公司旗下 X86 服务器业务，逐渐完善云服务的时候，联想到底是制造业还是服务业呢？当联想开始做现代农业的时候，它又算是在哪个产业呢？在多元化模式的基础上，产业转型其实并没有那么难，因为成功的多元化模式已经为企业打造了多个“船头”。

企业发展确实存在天花板，但天花板却非“天顶”，就算我们不敢“捅破了天”，难道我们还不敢“捅破了天花板”吗？在有天花板的地方，我们所要做的就是运用创新思维捅破它，只要换个思维，我们就会发现，天花板只是我们踏上下一个台阶的垫脚石而已。而故步自封则只会让我们困守于层出不穷的“天花板”中，最终的结果只能是“闷死”了自己。

创新从细节开始

创新并非一定要做得“高大上”，细节之处的创新，才能够更显出管理者对于消费者的重视，让消费者在企业的关怀入微中，感到感动、感到信任。如果你不能将笔记本创新为“变形金刚”，不如试着把笔记本做得更薄、更适用。

2014 年 10 月 10 日，在联想 YOGA 3 Pro（一种计算机型号）笔记本电脑的发布会上，杨元庆说道：“三四年前当平板电脑大行其道，很多人断言 PC 将死的时候，我们预计笔记本电脑不会退出，但是需要的是自我创新、自我完善。”这句话是整个联想集团的精神所在，也在 YOGA3 Pro 上得到了完美的展现。

随着移动互联网时代的到来，作为工业化时代的代表，与海尔、华为等传统硬件产业巨头一样，联想同样试图从“产品为王”的工业化时代平滑地过渡到“用户为王”的互联网时代。这样的平滑过渡当然离不开创新，而柳传志、杨元庆所选择的创新之路，其实就是在保留传统工业化时代的同时，向用户所需求的细节过渡。

而 YOGA 3 Pro 则是联想细节创新的一个缩影，这一点从这款笔记本电脑的诸多参数中可见一斑。

①整机最厚为 12. 8 毫米，重量为 1. 19 千克。而目前市场上的主流笔记本电脑的厚度仍然普遍在 15 毫米以上，重量则在 2 ~ 3 千克。这样的细节参数极大地提高了笔记本电脑的便携性，从而增强笔记本电脑与平板电脑的竞争优势。

②为了提升产品 360 度旋转的性能并使之更为顺滑，整个表链式转轴由 813 个零件手工组装而成，并承受了超过 25000 次的翻转测试。360 度旋转的特性本身就是 YOGA（系列名）系列产品最大的创新所在，而进一步对其进行完善，则能够使这一特性更为突出。

③在只有 1mm 厚度的 PCB（印制电路板）面板中叠进了 14 层电路，整

个主板宽度缩减至两个一角硬币的宽度，面积仅为上一代 YOGA 主板面积的 60%；风扇厚度为 3.5mm，叶片厚度 0.15mm。正是在这样对于每一个零部件的精益求精中，YOGA 3 Pro 才能实现远优于市场主流笔记本电脑的整机厚度和重量。

事实上，以上这些细节的创新，都是联想工业化时代不断提升竞争优势的成果。正是因为工艺的不断增强，联想才能在工业化时代，以“更薄、更轻、更快、更耐久、分辨率高”的特性，成为个人电脑市场的主导者。但联想的细节创新却不止于此。

④YOGA 3 Pro 不仅实现了硬件层面的全面提升，它还完成了从“硬件层面上的多模式使用”到“软硬结合的智能多模”。这样的创新可以说是一次“跨时代的飞跃”，而这一切都源于 YOGA 系列全球独创的 Harmony（品牌名）智能软件，这款软件以智能推送、智能设置两个核心功能，让用户可以随心所欲地使用自己所需要的操作模式。

⑤联想 YOGA 团队在进行了广泛的用户研究时发现，在那些选择了 360 度自由翻转的 YOGA 多模电脑的用户当中，有相当一部分用户喜欢在使用时将电脑搁置在腿上，因而，YOGA 团队想到了“刮丝”的问题，并由此改善了 YOGA Pro 的材质。

直到 2014 年年初，个人电脑市场才初现回暖的征兆，然而，在过去持续了八个季度的全球个人电脑出货量不断下滑中，联想的业绩不仅没有下滑，反而一直在增长。联想究竟是如何成功的呢？

“联想成功的原因包括清晰的战略，创新的产品，卓越的运营，多元化的团队，其中最重要的是产品，是创新！在保持卓越运营的同时，坚持不懈地做独一无二的创新，这就是联想成功的秘籍，”杨元庆说，“我们有很多创新，YOGA 改进了过去的个人电脑，把过去用户不满的地方做了改进，用平板电脑的模式对个人电脑进行了改造，带动了联想集团的发展。”

正是细节上的不断创新，让联想能够一直得到消费者的喜爱和信任，也让联想可以不断实现“大跨步”的发展，而对于管理者而言，细节创新究竟该如何开展呢？（见图 10－2）

1. 将创新融入到企业文化之中

在互联网时代，对于管理者而言，最重要的就是创新，无论是对于产品、商业模式还是服务，都需要不断地进行创新，否则终究会被淘汰。之所以如此，正是因为时代的变化所带来的消费者行为的改变。消费者需求越发“吹毛求疵”，就需要我们将创新融入到企业文化之中，在每一个细节上做到吹毛求疵。

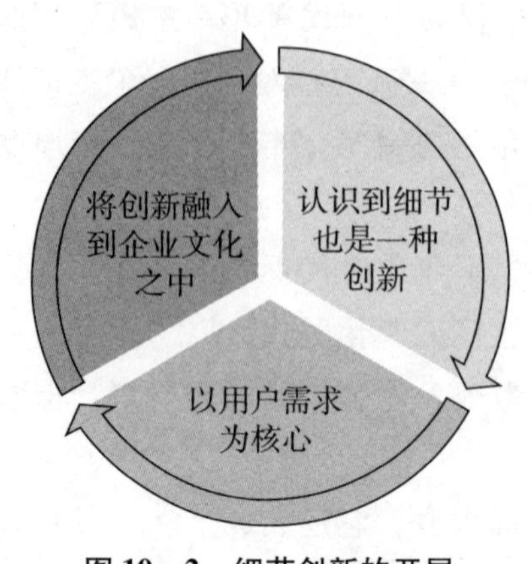

图 10－2 细节创新的开展

联想本可以安心地做一个个人电脑厂商或者贸易商，但随着互联网时代的到来，无论是柳传志还是杨元庆，都将创新看作是“联想的 DNA”。也正是因此，仅 2013 财年，联想就在研发上投入了超过 5 亿美元，其目前所拥有的全球专利更是达到了 11000 余项。2014 年 4 月 30 日，杨元庆更是获得了全球最高创新类赞誉——爱迪生奖，成为首位北美地区以外的获奖企业领导人。

2. 认识到细节也是一种创新

很多管理者认为创新就必然是全局化的，觉得唯有如此，才能在不断的细节填充中创造出非凡的成就。然而，事实如何呢？我们可以看到的是，大多数经典的创新都是通过细节上的不断创新累积而成的。

YOGA 系列产品一开始的设计理念很简单，那就是以“360 度旋转变身平板电脑”的设计，实现个人电脑与平板电脑的有效衔接，从而帮助联想利用个人电脑优势进军平板电脑市场。然而，随着 YOGA 团队对于细节的不断完善，YOGA 已经不再是一个笔记本电脑与平板电脑融合的“怪胎”，而是开拓了个人电脑“多模使用”的新市场。

3. 以用户需求为核心

互联网时代是真正的“用户为王”的时代，随着消费者行为与思维方式的改变，个性化成为当今时代消费者的主要需求。而个性化到底是什么？说到底，也就是同款产品各处细节的差异而已，而这往往就意味着，管理者需要为消费者生产定制化的产品。

然而，生产企业正是依靠批量化的生产，实现成本的摊薄，定制化的生产所带来的成本大幅提高，会得到消费者为之买单吗？就拿联想手机为例，如果要从每个零部件开始都实行定制化生产，一部手机的成本必然超过万元，这样生产出来的手机很难帮助联想快速抢占市场份额。联想则想出了一个折中的方案：在机身外壳、配置选择以及预装的软件等方面实现可定制。这一方案一方面满足了消费者个性化的需要，另一方面也控制了产品的成本和定价。

创新从来不是一蹴而就的，只有将创新融入到企业文化中，让创新从每一个细节处开始，管理者才能围绕着消费者的需求和"痛点"来不断满足消费者的消费需求。

"复制＋改良"也是一种创新

创新真的有那么难吗？其实，这只是管理者陷入了思维误区，创新并不一定是主动创新，"复制＋改良"同样是一种创新。

《哈佛商业评论》曾经做过的一项调查研究表明：主动创新的成功率为11%，而"复制＋改良"的成功率则达到了45%。在这个"不创新就会死在明天"的时代，管理者想要依靠创新来带领企业活下去，不妨选择这样一种存活率更高的创新方法——"复制＋改良"。

正是因此，李嘉诚、松下等人做企业时所遵循的其实都是"老二法则"，让"原创"冲在最前面去"踩地雷"，而自己则只需要避开地雷跟着往前走即可。连"现代管理学之父"彼得·德鲁克都坦言："复制本身就是创新，复制是创新的前提，而创新是成功的关键。"

当管理者们为互联网思维的颠覆性而危机感"爆棚"时，不妨学着柳传志从另外一个角度来看待互联网思维。在柳传志看来，"对传统产业而言，互联网思维的最大作用不是颠覆，而是改良和改善。互联网思维开放、互动的特性，将改变制造业的整个产业链。因此，用好互联网思维，制造业链条上的研发、生产、物流、市场、销售、售后服务等环节，都要顺势而变。"

首先是研发。互联网时代有着极强的互动属性，而在云存储、大数据技术的支撑下，管理者则能够真正实现对于消费者需求的直接了解，这也必然会让企业的研发模式发生深刻的变革。只有那些能够充分把握个性化市场需求的灵活、高效、低成本的研发流程和体系，才能在互联网时代迸发出更大的力量，从而得到市场的认同和接受。

其次是生产和物流。研发流程和体系的改变，也将改变工业化时代的大生产模式，低成本的定制化生产成为广大管理者的共同诉求。而通过将企业管理信息化与物联网、射频、传感技术相结合，传统制造业的自动化、柔性化、模块化程度也将大幅提升，这就为低成本的定制化生产带来了实现的可能。

再次是市场、销售和售后服务。一方面，随着互联网尤其是移动互联网的普及，让信息的获取与传播变得更加容易，这就使得企业与消费者之间的信息不对称被打破。而信息的开放和消费者话语权的增强，也让过去单纯在媒体新闻上“砸广告”以树立品牌、推广产品的模式，无法再适应市场需要。

另一方面，长尾效应所带来的定制化、个性化需求，也要求企业主动与消费者搭建起沟通的桥梁。而无论是借助现有电商平台，还是自己搭建全新的O2O销售体系，都将对传统的渠道概念、分销模式带来冲击。

最后是金融。互联网思维所带来的改变，已经不只体现在传统制造业领域，它对金融业的触动也已清晰可见。

当互联网思维的触角已经伸向传统行业的每个领域的时候，作为管理者，我们就不可能再对其坐视不管。由于自身技术和经验的缺乏，我们很难直接转型为互联网企业，但我们却能够通过对互联网企业的成功模式进行复制和改良，将互联网基因融入到自身之中，从而实现自我创新。

在中国，无论是经济界，还是产业界都对“互联网思维”这个词趋之若鹜。然而，可能会令人感到吃惊的是，正是这样一个颇有内涵的词语，却不是源于互联网企业众多的美国，而是“国产货”。那么，为什么“互联网思维”会在中国受到热捧呢?

如果管理者们认识到“复制+改良”也是一种创新，就能够明白其间的关系。在美国等西方发达国家，经过几百年的发展，其传统制造业、服务业等都已相当成熟，在这种情况下，想要实现传统业务与互联网以及移动互联网业务的有效对接，自然存在相当的困难。而中国改革开放三十年多年来，虽然经济一直处于快速发展之中，但传统行业仍然不够成熟，而在“不创新就会死在明天”的今天，随着崭新的互联网模式的出现，管理者自然可以将互联网思维复制到传统行业之中，并对其进行改良，从而实现企业的创新性发展。

也正是基于这样的“复制＋改良”的思维模式，柳传志才会带领联想进军现代农业。一方面，传统农业的低效以及国家相关政策的出台，使得中国传统农业向现代农业转型变得迫在眉睫也切实可行；另一方面，联想30多年来在互联网行业也已经积累了成功的经验，再加上联想在大数据、云计算、物联网、移动互联网等领域的先进理念和技术手段。柳传志自然可以通过“复制＋改良”的模式，搭建起了一套全新的农业发展模式。而这套模式的核心有三个：一是质量全程可追溯；二是生产种植过程分析；三是电子商务以及与之配套的高效冷链物流系统。

正是通过将传统制造业以及电子商务的商业模式复制到农业之中，并对其进行有针对性的改良。柳传志的佳沃集团，才能够生产出高品质的水果，并让其“从田间到餐桌”这一过去复杂的供应链大大简化。

“不创新就会死在明天”已经得到了很多管理者的认可，但柳传志却说“一创新马上就死”，正是因为主动创新那可怜的11%的成功率，难以实现管理者“死里求生”的梦想，而“复制＋改良”的创新模式，则能够极大地提升企业的存活率。

重建规则，让自己成为规则制定者

如果说一步步的从细节处创新，或者“复制＋改良”的“老二法则”，让管理者感到憋屈。那么，重建规则，让自己成为规则制定者又如何呢？

这看起来很令人心动吧？但我们真的可以吗？很多管理者习惯了让联想、阿里巴巴、海尔这样的行业巨头成为规则制定者，认为像自己这种小企业还是跟着别人“喝汤”就好。如果管理者一直怀揣着这样的“自知之明”，那么，自己就真的只能“喝点汤”，之后只能“吃点渣”，最终则是“变成渣”了。

重建规则，让自己成为规则制定者。这看起来似乎很困难，那只是因为我们作为管理者不敢想而已。作为个人电脑巨头的联想是从什么时候着手将自己打造为规则制定者的呢？2002 年，联想举办了“Legend World 2002 联想技术创新大会”，参与者包括了 Intel 公司的 CTO（一种生产方式）帕特·基辛格（286、386CPU 的重要管理者）、甲骨文公司的三人智囊团、微软公司的一位重要人士及德州仪器公司的亚太区总裁。作为中国 IT 企业第一次自行发起并举办的世界级技术盛会，柳传志能够邀请到这么一批重量级的人物与会，投入肯定不少。但也正是这样一次会议的举办，让“PC 制造商”联想真正地向规则制定者迈出了第一步。

当年，杨元庆是这样说的：“我们自己要联合一些国内的企业，建立起一些我们自己的技术专利和技术标准，这样才能够更加有效地建立起我们针对国外企业的一道竞争屏障。”而如今，联想已经成为国内乃至世界个人电脑行业的规则制定者，联想也正试图在平板电脑、智能手机领域重建规则。

重建规则从来都不是那些大品牌、大企业的特权，规则制定者也从来都不是他们的专利。如果说 2002 年的联想也已经做出一些业绩，算是大品牌、大企业的话，那么，芭蒂欧这样一个品牌算是大品牌吗？可能很多人都没有听说过这个品牌。然而，正是这样一个名不见经传的小品牌，却真正地成为了行业规则制定者，哪一行呢？内裤！

“内裤也需要规则制定者？”确实，在很多人看来，甚至一些内裤业内人士都认为，内裤只是货架上不起眼的一种小型商品，这能有什么技术含量？但正是围绕这样一件小小的、不起眼的内裤，芭蒂欧总经理刘绿洲却带领着手下的创新团队，经过多年的努力，无论是在舒适、美观，还是在性价比、品牌形象等方面，都做到无懈可击，最终成为内裤行业名副其实的规则制定者。

这样的成果源自何处呢？其一自然是刘绿洲“敢为行业先锋，敢于重建规则”的精神；其二则是芭蒂欧中的两大创新团队：以奥兰多、蓝玉坪为首的创意团队，以工艺设计与面料设计为主的创新团队。在这样的组合之下，芭蒂欧自然能够创造出自己独特的技术和产品。

1. 技术创新

正是在这样一条被大多数人认为是“没有技术含量”的内裤中，芭蒂欧却在材料、工艺方面不断突破，其无痕系列产品的工艺水平更是远胜于同行，按照刘绿洲自己的话来说就是，“我们已经是第三代，同行还在第一代，有些他们还搞不定，他们的品质还达不到我们第一代的品质，比如无痕产品最大的特点在于怕开胶，我们已经攻克了这一技术难题。”不断突破的技术创新，也让芭蒂欧在产品深度上，真正成为了内裤行业的“领跑者”。

2. 产品创新

芭蒂欧内裤最大的特点就是“无痕”，无痕是什么意思呢？就是穿上这种内裤之后，裤子上不会显露出半点痕迹，这对于女性消费者而言，无疑是十分重要的一项创新。那么，芭蒂欧内裤又以什么来吸引男性消费者呢？那就是舒适，男性消费者对于内裤的基本功能诉求就是舒适，至于有没有痕、美不美观那都没那么重要。而舒适对于女性消费者同样十分重要，因此，刘绿洲和他的创新团队每次开发出一款产品之后，都会自己先试穿，再推荐朋友试穿，检验一下舒适度如何，直到各项检验完成才会将其推向市场。

当芭蒂欧凭借着多年来的技术创新和产品创新，赢得众多消费者的喜爱和信任时，竞争对手们也不得不踏上芭蒂欧走过的道路。毕竟，随着芭蒂欧的生产工艺进一步提升，其生产成本的下降也必然带来价格的下降，再加上消费者对于内衣品质需求的不断提高，“没有技术含量”的低价内裤也将失去市场空间。而当竞争对手还在琢磨“第一代内裤”究竟要如何运作时，芭蒂欧已经在向“第四代内裤”进军了。

而作为领导，我们都明白的一个事实是：规则制定者是有“特权”的。当芭蒂欧成为规定制定者之后，刘绿洲也有了一个全新的计划，2014 年，刘绿洲开始着手推广自己的“5 +1 工程”模式：在对于代理商的选择中，芭蒂欧将趋向于选择“一个公司、一个团队、一个展厅、一个终端，只进一个牌子”的标准，要代理商和芭蒂欧同步发展，共同受益，双方合作起来都会得到实惠。

根据刘绿洲的描述，“在这样的模式下，芭蒂欧将和代理合作伙伴一起好好做市场，刺激渠道和终端的活力，在一个品牌格局下，把 8 个左右的产品系列都放在同一个终端中，相当于一个代理商同时可以经营 8 个品牌，把所有类型的内裤都包容在一个终端中，这样，在保障渠道与终端利益的前提下，厂商之间才能展开更紧密的合作”。

但我们能够看到的是，在这一模式下，芭蒂欧事实上已经将与之合作的代理商“收归旗下”，成为芭蒂欧的“专卖店”。而在这一模式下，芭蒂欧的渠道成本、营销成本也将大幅缩减，其市场竞争优势也将进一步提高。而这就是“创新—重建规则—持续创新—制定规则”的良性发展模式（如图 10－3 所示）。

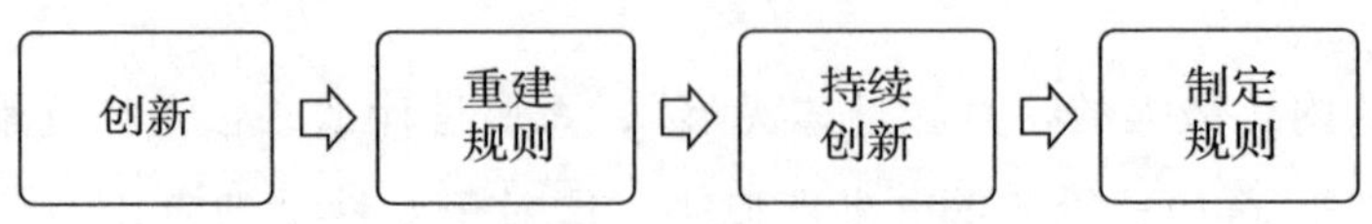

图 10－3 制定规则的模式

管理者们大概都听说过这样一句话，“一流企业知道如何制定规则，二流企业知道如何创建品牌，三流企业知道如何订立价格”。而制定规则之所以重要，正是因为好的规则可以搭建起一个产业链互利共赢的商业平台，从而形成一个正向循环的生态体系，而在更多人因为这一规则、体系获利的同时，也让他们为这一规则、平台，以及规则制定者做出贡献。

后　记

关于商业思维，所有的企业管理者都在研究，这是一个日议日新的话题。在这个变化快得让人有些跟不上的时代里，市场、商业模式、营销手段等每天都在发生着变化。企业的管理者一旦停步不前，就会面临被时代淘汰的困境。那么新时期企业的管理者到底该如何做呢？

在这本书里，我以自己十四年的企业经营视角探讨了在当下的商业环境当中，管理者应当具备的新商业思维。说到新商业思维，其实“新”就源于我们所处的这个不断变化的时代。互联网技术、大数据技术、移动互联网、3D 打印等新一代的技术变革，给我们的生活和市场带来巨大的变化。消费者的需求越来越多样化，人们越来越重视自我个性，这就导致企业的生产就必须紧跟消费者需求变化的步伐。在过去，企业的生产主导着消费者的消费倾向，但是如今，消费者的需求完全主导了企业的生产行为。不能适应消费者需求的企业，未来都会被市场淘汰。

政府一直呼吁企业转型升级，外在环境也逼着企业转型，但除了硬件的升级，还需要经营管理者思维意识的转变。企业粗放型的发展模式已成为过去式，企业需要根据自身特点和需求进行定位，思维则自然会跟着转型，然后再进行企业的创新和转型。这是我们撰写《管理者的新商业思维》的主要原因。在书写的过程中，我们发现，其实不管什么时代，什么样的商业模式，都与企业的管理者有着很紧密的联系。我们看雷军、柳传志、张瑞敏等企业管理者，正是他们引导了企业的转变和商业模式的变革，才让这些企业在今天发展得不错。所以，我们觉得，管理者要想具备新的商业思维，就必须具备敏锐的嗅觉，拥有超前的意识。作为企业管理者，必须不断提升自己的商业敏感度和领导意识，要以高度的管理智慧引导企业，才能让企业在纷繁复杂的社会浪潮中乘风破浪向前进。

本书的出版，得益于与北京盛世卓杰出版传媒的执行策划王景先生的多次聊天。先生深谙，在当下的企业运营环境中，一些管理意识和商业思维的缺乏会制约着企业的转型。他多次鼓励我把这些想法撰写出来，编辑成书。没有先生多次鼓舞与大力支持，此书难以成行。这里，表示衷心的感谢！也非常感谢在本书出版过程中，中国财富出版社编辑人员的辛勤努力，感恩所有领导和同事们的支持和付出！如果本书能够帮你获得一些感悟，也是我们共同的心愿。

接下来我们将继续研究和撰写“管理者管理三部曲”（《管理者的新商业思维》《管理者的意识修炼》和《打造高绩效团队的管理者》）和《领导者的境界》等其他著作。希望可以和广大企业界的朋友一起交流、分享，共同成长。

成书仓促，书中难免有谬误，希望读者能够热忱斧正！

邢国英

2015 年 3 月 13 日于山西忻州